KB251114

행정정보공개제도의 집행요인

및 정책효과 분석

행정정보공개제도의 집행요인 및 정책효과 분석

김 승 태 著

한국학술정보(주)

서 문

　현대사회는 정보의 중요성이 일상 사회생활 속의 일부분으로 흡수되고 있는 정보사회이다. 이러한 정보사회 속에서 현대행정은 행정수요와 기능의 확대, 정책문제의 복잡다양화, 행정의 분권화·지방화, 행정의 민주화·인간화 등의 특징을 지니고 있다. 또한 행정기관은 국가전반에 걸쳐 국민생활에 막 대한 영향을 줄 수 있는 정책을 수립·집행하고 있고, 그 과정에서 막대한 정보를 획득하고 있다. 이에 따라 정보는 정부 및 정보기업에 의해 독점화되어 국민에게 충분한 정보가 주어지지 못하고 있는 실정이다. 그러나 이러한 행정정보는 국민주권 혹은 주민자치의 원리에 근거한 원칙으로서 모든 주민에게 공개되어야 한다. 행정정보의 공개는 주민이 접근하기 용이한 정부, 적시에 신뢰성 있는 정보를 제공하는 정부, 주민들의 요구에 대응하는 정부라는 점에서 주민위주의 정부를 구현하는 데 중요한 역할을 하게 될 것이기 때문이다.

　이와 같이 행정정보의 공개는 정치·행정에 대한 국민 참여의 전제가 되는 충분한 정보제공에 기여하며, 주민의 감시에 의한 깨끗한 정부를 조장하며, 주민의 복지에도 기여한다. 즉, 주민들 사이에 팽창된 정보수요를 충족시켜주기 의해서는 행정이 무엇을 행하고 있는가에 대한 충분한 정보가 주민에게 제공되지 않으면 안 된다. 정책과정 중에 정보공개가 이루어지면 정책결정의 정당성을 얻을 수 있으며, 이렇게 결정된 정책이 집행되는 경우 주민의 참여나 협조를 얻을 수 있어 주민과 행정 간에 신뢰와 공감대가 형성되는 기반이 될 것이다. 또한 행정의 비밀주의에 대한 민주적 통제를 통해 행정권한의 남용을 방지하고 정치 및 행정의 공정성을 확보하게 될 것이다.

　따라서 행정정보공개제도는 정보사회의 급속한 발전과 함께 그에 대한 공법적 대응으로서 효과적으로 기능할 수 있는 제도일 뿐만 아니라 국민의 알권리를 법적 근거로 하여 국정운영의 투명도를 높이고 참여 민주주의의 이념을 실현한다는 정치와 행정의 민주주의 보장이라는 측면에서 그 필요성을 찾을 수 있으며, 열린 정부를 이루기 위한 전제조건이 되기도 한다. 또한 정보사회의 역기능을 보완하고 정보의 민주화를 향한 새로운 도전을 위해서 뿐만 아니라 모법의 존재를 통한 개별 법령들의 체계적 통일성 부여와 국민의 알권리에 대한 확실한 보장을 위해서도 체계적 단일 법률로서의 정보공개법의 당위성은 인정될 수 있는 것이다.

이러한 당위성과 중요성을 가지고 있는 행정정보공개제도에 대해 기존의 연구들은 주로 행정정보공개제도의 법제도적 측면을 대상으로 하여 이론적 논의와 정책적 대안제시에 치중해 왔으며, 행정정보공개제도의 실제적인 운영현황과 문제점을 분석하여 구체적인 개선방향을 제시한 논문은 거의 없는 실정이다. 또한 정책집행연구의 중요성에도 불구하고 이러한 관점에서 행정정보공개제도를 분석한 연구도 미비한 수준에 불과하다.

이에 따라 본 연구는 행정정보공개제도를 하나의 정책으로 보고, 행정정보공개제도의 운영을 정책집행으로 간주하여 행정정보공개제도가 원래의 의도대로 잘 집행되었을 경우, 즉 성공적인 정책집행의 바람직한 모습을 상정하고 그에 근거하여 현실적으로 행정정보공개제도가 어떻게 집행되고 있으며, 행정정보공개제도의 집행에 결정적인 영향을 미치는 요인은 무엇인지, 만일 제대로 집행되고 있지 않다면 그 주요한 요인이 무엇인지를 분석하기 위해 행정정보공개제도의 집행성과 및 운영실태를 집행기반, 집행주체, 대상집단, 정책환경 측면으로 나누어 행정정보공개제도 집행의 당사자인 공급자의 위치에 있는 공무원과 수요자의 입장에 서 있는 주민의 동시평가를 통해 공무원과 주민의 의식 및 행태가 어떠하며, 어떠한 차이가 있는지를 살펴보았다. 또한 이러한 차이가 행정정보공개제도의 집행성과에 어떠한 영향을 주고 있는지를 분석하였으며, 이를 통해 행정정보공개제도의 집행에 영향을 미치는 요인을 추출할 수 있었다.

인문과학이든 사회과학이든 간에 기존의 연구가 상당히 축적되어 있을 경우에는 새롭게 접근하는 연구이든 혹은 기존의 연구를 확대하는 것이든 많은 도움을 받을 수 있다. 물론 기존에 축적된 연구의 내용이나 방법론에 대한 정밀성과 현실적합성에 있어서 비판의 여지가 있을 수 있다 하더라도 기존에 축적된 연구를 기반으로 해서 보다 발전적인 연구가 가능하기 때문이다. 때문에 기존 연구의 축적은 매우 중요한 의미를 지니고 있다고 할 수 있다. 그러나 정보공개에 대한 연구에 있어서 만은 사정이 그러하지 못하다. 즉 세련된 연구방법의 구사나 경험적인 분석도 부족할 뿐만 아니라 아직 정보공개 연구에 있어서 과학적 일반화(generalization)의 정도가 미약한 실정이다. 특히 정보공개에 대한 연구의 양적인 면과 질적인 면 모두에서 만족할 만한 수준이라고 단언하기 어렵고, 이 분야에 대한 연구자의 절대적 부족은 곧 연구기반의 취약을 의미하는 것으로서 더욱 더 그러하다고 할 수 있다. 따라서 본 연구는 행정정보공개제도의 이러한 한계들을 극복하고자 하는 노력의 일련의 과정인 것이다.

본 연구의 미진한 점과 오류에 대해서는 독자들의 비판과 조언을 받아들여 앞으로 계속 보완해 나갈 것을 약속드리며, 이 책의 발간을 위해 힘써 주신 한국학술정보 채종준 사장님과 신재훈 선생님을 비롯한 관계자 여러분의 후의와 노고에 깊이 감사드린다.

끝으로 학문의 길에 들어선 이후 늘 모든 일에 무관심하고 이기적이기만 한 아들을 한결같은 인내와 따뜻한 마음으로 대해주신 친가와 처가의 부모님께, 남편을 언제나 이해하고 도와주는 사랑하는 아내에게, 이제 뒤집기를 시작한 윤채가 건강하게 자라길 바라면서 이 작은 책자를 바친다.

목 차

표 목 차

그 림 목 차

제1장 서 론

제1절 문제제기

현대사회에 있어서 정보는 정보인프라구축·정보통신혁명·정보고속도로·정보전쟁 등과 같이 현대사회의 특징을 나타내는 수식어로서 시대의 상징이자 대명사가 되었다. 따라서 현대사회를 정보사회(Information Society)[1]라고 한다. 인간의 존엄성 및 행복의 추구와 밀접한 불가분의 관계를 형성하게 된 정보사회에서 정보는 생활을 위한 보조수단이 아니라 생활의 주요 수단 혹은 대상이라고 할 수 있다. 이는 현대를 살아가는 사람이면 누구나 적절한 정보를 최대한 수집하고 활용해야만 사회구성원으로서 제대로 기능하고 작동할 수 있다는 것을 의미한다.

그러나 정보사회에서는 정보구입력(power to buy information), 정보식별력(power to define information), 정보수집력(power to collect information) 등을 내용으로 한 정보력의 양극화현상이 초래되어 제반 정보력이 사회의 제 계층에 공평하게 분배되지 않고 소수의 사람에게

---

1) 정보사회란 "기존의 언론매체의 확대에 추가하여 컴퓨터를 중심으로 한 정보처리 및 통신기술의 비약적인 진보에 따라 데이터의 이용가치가 높아지고 사회에 유통하는 데이터가 거대한 분량에 이르게 됨에 따라 일련의 사회구조의 변혁을 일으키는 상황(김철수, 1991: 5) 또는 정보가 가지는 사회적 가치가 비약적으로 증대하고, 국민생활과 사회·경제활동 전반에 걸쳐 정보의 생산·유통 및 이용이 결정적인 중요성을 지니게 되어 인간의 존재양식과 가치체계에 근본적인 변화를 받고 있는 사회(한국법제연구원, 1992: 4)"를 의미한다.

집중됨으로써 참여적 민주주의의 발전을 저해하고, 급기야는 입헌적 민
주제를 유명무실하게 만들 위험성이 있다(Marchand, 1982: 58-70; 노
규형, 1988: 30). 다시 말하면, 정보사회의 폐단은 정보사회가 '국민에
의한' 민주화과정이 가속화되어 '국민의' 통치, 즉 직접민주정치를 달성
할 가능성이 있지만 그와 동시에 소수 엘리트에 의한 관료제적 관리형
사회의 특성이 농후한 상태에서 발달하는 정보기술이 지배자들의 독점
적 통치기술을 더 전문화시키고 있다. 정보독점이 강화됨으로써 일반국
민들은 국정에 관한 정보를 사실대로 그리고 충분히 획득할 수 없게 되
어, 주권자로서 국정활동에 대하여 올바른 판단을 내릴 수 없게 되므로
결과적으로는 진정한 의미의 민주주의를 실현할 수 없게 되는 위험성
을 내포하고 있다는 것이다(Hickson, Hennings, Lee, Schneck and
Penning, 1971: 216-229; Danziger, 1982: 136-169; 정병재, 1988: 57).

특히 우리의 경우 정부는 행정목표를 달성하기 위한 핵심적인 도구
로서 수집·축적된 대량의 정보를 국민과의 공유재산으로 인정하지 않
고 독점·관리하여 왔다(성도경, 1997; 남궁근, 1994; 이강웅, 1993; 석
종현, 1991). 또한 현대국가에 들어오면서 날로 증대하고 있는 행정의
권력강화와 기능의 확대현상은 정부로 하여금 정보의 독점·관리를 정
당화시켜 주는 주요한 요인으로까지 작용하였다(표시열, 1999; 최호준,
1994; 이승종, 1991). 이러한 정부의 정보독점행위는 행정 수요자인 국
민으로 하여금 행정에 대한 관심과 참여를 더욱 저하시켰을 뿐만 아니
라 나아가서는 민주주의의 이상과도 멀어지게 하는 근본적인 문제점을
양산시켰다.[2]

---

2) 오랫동안 권위주의적 독재권력에 의한 지배와 밀실행정으로 인하여 국민
　의 생활방식에 큰 영향력을 가지는 수많은 정보로부터 사실상 소외되어
　왔으며, 그 결과 비밀행정 및 관료부패의 온상을 만들었고 국정에 대한 국
　민의 의혹과 불신이 팽배하게 되었다. 또한 최근 여러 대형경제부정사건,
　각종 인권침해사건들도 완전히 그 진상이 밝혀지지 않고 있다. 이와 같이
　닫힌 상태를 가속화시키는 것은 사회구성원 간의 닫힘 이상으로 국가에

따라서 정보사회에 있어서 이러한 폐해를 방지하고 국민들로부터 행정의 공정성·신뢰성 등을 확보하기 위해서 그리고 생활환경의 불확실성과 불충분성의 혼재성을 극복하기 위해서 국가는 행정의 정책결정과정과 집행과정에 대한 수많은 정보를 자유롭게 유통시키지 않을 수 없게 되었다. 주권자인 국민이 국정상황을 정확하게 파악하여 올바른 여론형성과 정치적 의사형성을 할 수 있을 때 실질적 민주주의를 확보할 수 있고, 국민의 알권리의 충족을 통하여 국민의 공감대를 형성할 수 있기 때문이다. 또한 정보사회에서 국민은 스스로가 정보의 가치를 중시하는 정보마인드(information mind)를 갖추어야 함은 물론이고 국가가 소유·관리하는 정보, 즉 행정정보는 공공재산 내지 공유재산이라는 인식을 새롭게 하고, 다음으로 국민 개개인이 그렇게 가치 있는 정보를 기초로 국정에 관하여 올바른 판단을 할 수 있도록 정부가 국민과 관련하여 수집·보유·관리하는 행정정보에 대한 정보주체성을 인정해 주어야 한다.

이러한 국민의 정보주권을 보장하기 위한 법·제도적 장치가 바로 정보공개제도이다. 이는 정보민주주의의 확립을 통해 국민에 의한 행정의 감시, 감독체제의 강화 및 행정과정에 대한 시민참여의 확대를 도모하여 민주정치의 존립을 가능케 하며, 경제적 측면에서의 금융실명제와 비견될 수 있는 권력실명제로서의 의의를 가진다. 이런 의미에서 정보공개 또는 공개행정은 국민의 알권리를 충족시키고 정부의 비밀주의를 배격하기 위한 현대사회의 민주정치의 사활문제(변재옥, 1982: 79)라고까지 표현된다.

이와 같이 정보공개제도에 대한 현실적 필요성에 대한 인식과 더불어 헌법적 가치를 갖는 국민의 알권리 충족이라는 기본권 정립이 1988년부터 법원의 판례3) 및 헌법재판소의 결정4)을 통하여 확인되어 왔으

의한 사회통제의 영향으로서 국가의 무절제한 사회통제는 무엇보다도 정보의 독점이며, 정보사회에서 국가의 정보독점이 가져오는 사회의 자율성 억제는 지금까지 우리가 처해 온 상황이었다.

며, 그 기본권의 실질적인 보장을 위해 행정정보공개(이하 정보공개와
혼용)에 대한 제도화의 움직임이 일기 시작하였다. 이러한 움직임에 따
라 지방자치제가 부활 실시된 이후 지방자치단체들이 국가수준보다 먼
저 정보공개조례를 제정하였다. 1991년 충북 청주시 의회가 주민의 알
권리를 보장하고 주민에게 신뢰받는 열린 행정을 실현할 목적으로 '청
주시행정정보공개조례'를 제정한 이래 지방자치단체들은 잇따라 같은
목적의 조례를 제정하였으며, 이는 나아가 중앙정부 차원의 정보공개법
의 제정을 촉구하는 방향으로까지 영향을 미쳤다. 마침내 정부에서는
1994년 3월 2일 국무총리훈령(제288호)으로 '행정정보공개운영지침'을
발표하여, 국민의 알권리를 보장함과 동시에 국정운영에 대한 참여와
감시·비판을 통하여 투명성을 띠는 공개행정체제를 구축함으로써 행
정에 대한 국민의 신뢰성을 제고시킨다는 점에서 중요한 의미를 가진
다는 것을 천명하고, 행정정보공개를 법적으로 제도화하기 위한 입법을
추진하게 되었다. 정부는 이에 따라 정보공개법의 제정에 앞서 시행여
건을 조성하여 왔으며, 1995년 정보공개법 시안을 마련하여 각계의 의
견수렴과정을 거쳐, 1996년 12월 31일 "공공기관의 정보공개에 관한 법
률(법률 제5,242호, 이하 정보공개법)"을 제정하였다. 이 법률은 1997년
1년간의 유예기간을 거쳐, 1998년 1월 1일부터 시행되고 있다.

---

3) 서울고법(제3특별부) 1988. 7. 6 판결. 88구1334; 대판 1989. 10. 24. 88누
   9312.
4) 헌재결 1989. 9. 4, 88헌마22, 공권력에 의한 재산권의 침해에 대한 헌법소
   원, 헌재판례집 제1권, 176면 이하; 헌재결 1991. 5. 13, 90헌마133, 기록등
   사신청에 대한 헌법소원, 헌법판례집 제3권, 234면 이하; 헌재결 1992. 2.
   25, 89헌가104, 군사기밀보호법 제6조 등에 대한 위헌심판, 헌재판례집 제4
   권, 64면 이하; 헌재결 1994. 2. 29, 92헌바31, 형사소송법 제55조 1항 등
   위헌소원, 헌재판례집 제6권 2집, 367면 이하; 헌재결 1994. 8. 31, 93헌바
   174, 지세명기장 열람거부 등 위헌확인, 헌재판례집 제6권 2집, 324면 이
   하; 헌재결 1995. 7. 21, 92헌마177, 199(병합), 대통령선거법 제65조 위헌
   확인, 112면 이하.

정보공개법이 시행된 지도 7년이 지났다. 정보공개법에 대하여 많은 학자들은 약간의 부작용도 나타나겠지만, 행정정보공개의 제도화는 국민의 알권리 보장, 국민의 행정참여확대, 정책결정의 정당성 확보, 행정의 투명성·책임성 제고, 책임행정의 구현 등 다양한 기대효과를 가져올 것으로 주장하였다(이용규, 1996; 이승종, 1995; 강경근, 1992; 박영기, 1992). 정보공개법 제1조는 "공공기관이 보유·관리하는 정보의 공개의무 및 국민의 정보공개 청구에 관하여 필요한 사항을 정함으로써 국민의 알권리를 보장하고 국정에 대한 국민의 참여와 국정운영의 투명성을 확보함을 목적으로 한다"라고 규정하고 있다. 이처럼 행정정보공개의 입법취지는 행정정보의 공개를 통해 헌법상 추상적인 권리로만 인정되어 왔던 알권리를 사법적 구제의 대상이 되는 실정적 권리로 보장하며 참여행정·책임행정을 확보하고 나아가 궁극적으로 행정과정의 민주화를 공고히 하자는 데 있는 것이다. 지방정부 수준에서도 정보공개제도는 지역주민들로 하여금 지방자치단체가 보유하고 있는 각종 행정정보에의 신속·정확한 접근을 가능케 하여 지방자치단체의 기능을 보다 더 잘 이해하게 할 뿐만 아니라 이를 통해서 지방자치단체의 행정에 대한 주민의 참여가 촉진되어 지방자치의 본래의 취지에 입각한 자치행정의 발전에 크게 이바지할 핵심적인 제도로 평가되어지고 있다(성도경, 1997).

정보공개법의 제정으로 일단 제도적 장치가 마련되었지만, 정보공개법의 운영이나, 정보공개 당사자인 공무원들과 주민들의 의식이나 행동이 법제정 이전의 과거의 틀에서 벗어나지 못한다면 정보공개제도는 결코 기대한 효과를 달성할 수 없을 것이다. 정보공개의 목표가 궁극적으로 국민의 알권리를 보장하고 국정에 대한 국민의 참여와 국정운영의 투명성을 확보하는 데 있다면, 단순히 법의 제정, 실시에 끝날 것이 아니라 계속적으로 운영상황에 대한 평가와, 공무원과 주민의 의식과 행동에 대한 정확한 분석을 통하여 정보공개법의 효과에 대한 피드

백이 계속 이루어져야만 할 것이다.

정보공개를 추진하기 위해서는 정보공개법의 제정이 필수적이기는 하지만, 정보공개법의 제정목적과 그 실질적 효과는 차이가 있을 수 있다. 즉, 정보공개법이 실질적인 효과를 갖기 위해서는 정보공개의 주체가 되는 공공기관·공무원의 의지뿐만 아니라 이 제도를 이해하고 정보를 이용하려는 주민들의 의지가 있어야만 한다(성도경·박의상, 2001: 282).

정보공개법이 실시된 이후 행정자치부는 매년 정보공개연차보고서를 통해 행정정보공개제도의 운영상황에 대해 조사·분석하고 있다. 그동안 정보공개청구건수가 과거 행정정보공개운영지침이 시행되던 때에 비하여 증가하고 있어서 정보공개법이 어느 정도의 기대효과를 달성하고 있는 것으로 보인다. 그러나 이러한 연도별 정보공개청구건수의 증가에도 불구하고 아직도 전체 국민들의 정보공개법에 대한 인지도는 낮을 뿐만 아니라 정보공개기관의 소극적인 정보공개 행태가 남아 있어서 정보공개법이 당초 기대하였던 만큼의 효과를 달성하지 못할 것이라는 우려도 제기되고 있으며, 여러 시민단체들의 조사에 의하면 행정정보공개 수준은 낙제점이라고 한다.[5] 이러한 연유는 무엇 때문인가? 제도적 뒷받침이 미비한 것인가 아니면 정책집행단계에서 문제가 있는 것인가?

---

[5] 강경근은 "정보공개법은 제정되었지만 정보공개는 걸음마 수준이다. 공공기록은 시민의 것이라는 인식아래 정보관리 및 공개제도를 전면 수술해야 한다"고 주장한 바 있으며(중앙일보, 1999. 10. 8), 경실련, 참여연대 등의 시민단체들도 정보공개제도의 운영실태와 관련된 자체 조사결과를 근거로 제도에 대한 공무원의 인식부족, 제도의 홍보부족과 아울러 비공개대상정보의 포괄성 및 모호성, 정보공개청구운영의 부실문제 등 제도적·운영적 측면의 많은 문제점을 지적하여 행정자치부에 건의사항으로 제기한 바 있다(행정자치부, 1999).

제2절 연구의 목적

이러한 의문에 대해 여러 입장에서 분석이 가능하겠지만 본 연구는 정책집행의 시각에서 이를 분석하고자 한다. 그 이유는 다음과 같다. 오늘날 정부의 활동영역이 넓어지고 그 비중이 더해 감에 따라 정부가 민간부문의 활동에 깊숙이 개입하면 할수록 정부활동 자체에서 비롯되는 문제들로 인해 제기되는 비난들도 더 커지고 있다. 이러한 비난의 초점은 대체로 정책의 집행과정에 상당히 쏠려 있다. 왜냐하면 정책결정단계에서 결정된 사항은 정책집행체제를 통해 자동적으로 수행되며 항상 바람직한 결과를 가져온다고 보았던 결과, 결정만 올바르게 내려지면 집행을 통한 성과는 자동적으로 달성된다고 보았기 때문이다.

그러나 실제의 결과는 항상 만족할 만한 것이 되지 못했을 뿐만 아니라 결정에 대한 결과가 커다란 개선의 조짐도 없이 타성적으로 되풀이되는 경우가 많았다. 이렇게 되자 정책집행에 대한 과거의 시각과는 달리, 정책과정 내에서도 새로운 상황에 관한 결정이 수없이 이루어진다는 점을 중시하는 상황적응적 과정의 입장이 제기되기 시작하였다. 그 결과 그동안 검은 상자(black box)라고 불려졌던 정책집행과정 자체를 해부함으로써 왜 정책결정단계에서 결정된 사항이 제대로 집행되지 않고, 많은 부작용을 수반하면서 잘못 집행되었는가 그리고 어떻게 그런 일이 발생하고 있는가를 정책집행과정에 작용하는 요인들 간의 동태적인 관계를 자세히 살펴보지 않을 수 없게 되었다(송병주, 1993: 3-4). 이러한 실증적인 분석과정을 통해 나타나는 정책집행과정상의 동태적인 활동과정을 파악하고 난 다음에야 비로소 성공적으로 정책을 집행하기 위한 조건이나 전략을 알아낼 수 있으며 또한 정책집행영역 내에서의 정부활동의 실제적인 행동과 관점에서 비롯되는 문제점과 부작용의 원인을 올바르게 이해할 수 있기 때문이다.

따라서 이러한 정책집행분석은 정책이 진행되는 과정의 이해를 도모하기 위해서도 필요할 뿐만 아니라 정책집행과정에 영향을 주는 요인의 규명을 통해 효과적인 정책집행의 향상을 가져오기 위해서도 필요하다.

정책집행문제에 대한 관심은 미국의 경우 존슨행정부의 위대한 사회(Great Society) 건설을 위한 일련의 정책들이 실패하게 된 원인들을 규명하는 데서 시작되었다(Nakamura and Smallwood, 1980: 11-12). 이는 정책의 실패원인들이 정책의 비합리성뿐만 아니라 정책집행과정에도 많이 기인하고 있다는 것을 인식하게 되었다는 것을 말해주는 것이다. 즉, 정책의 실패원인을 캐는 과정에서 정책집행에도 정치·경제·사회·문화 등의 수많은 외적 요인들이 작용하고 있기 때문에 어떤 정책이 결정되었다고 해서 반드시 집행되는 것은 아니며, 그 집행의 결과 역시 애초의 정책의도와는 달리 나타날 수 있다는 점을 인식하게 되면서부터 정책집행은 정책연구의 중요한 분과로서의 위치를 차지하게 되었다고 하겠다(안해균, 1984: 386).

이와 같이 정책집행연구의 중요성에도 불구하고 한국의 행정정보공개제도에 관한 여러 연구들 중 정책집행의 관점에서 분석한 연구는 거의 없는 실정이다. 특히 행정정보공개제도에 관한 기존의 연구는 대부분이 법·제도적 측면에 한정되거나 정보공개 업무를 담당하고 있는 공무원들의 의식분석 차원에 머물렀을 뿐 이를 정책집행의 차원에서 연구한 사례는 거의 없는 실정이다. 더구나 행정자치부의 보고서도 정보공개정책의 집행당사자인 공무원의 입장에 서 있으며, 정보공개의 직접 수요자인 주민의 입장에서 정보공개법이 얼마나 기대에 만족할 만한 효과를 가져왔는가에 대한 연구는 미흡한 실정이다.

따라서 본 연구의 목적은 행정정보공개제도를 하나의 정책으로 보고, 행정정보공개제도의 운영을 정책집행으로 간주하여 첫째, 한국의 행정정보공개제도의 집행과정에 영향을 미치는 요인들을 파악하고자 한다. 둘째, 이러한 요인들이 정책집행 성과에 어느 정도 영향을 미치는 가를 분석하고자 한다. 셋째, 이와 같은 분석을 통해서 현재의 행정정보공개제도 집행과정상의 문제점을 규명하고 이를 개선할 수 있는 정책방향을 모색하고자 한다.

이러한 연구목적의 달성을 통해 얻을 수 있는 성과는 첫째, 행정정보공개제도의 집행과정에 있어 각 집행요인들의 정책집행 성과에 대한 기여도를 파악할 수 있는 것이다. 즉, 각 집행요인들의 영향력 우선순위를 통해 중요한 요인들이 무엇인지 확인하여 정책집행의 성과를 제고하기 위해서는 어떤 요인에 기초해서 정책을 집행할 것인가를 알 수 있을 것이다. 둘째, 이러한 분석을 통해 제시된 정책대안은 정책집행 성과의 제고에 기여할 수 있을 것이다. 마지막으로 행정정보공개제도와 정책집행이론과의 접목을 통한 행정정보공개제도 집행이론의 도출에 관한 시사점을 얻을 수 있을 것이다.

제3절 연구의 범위 및 방법

본 연구는 앞에서 제시한 연구문제의 해결과 연구목적의 달성을 위해 연구의 초점을 행정정보공개제도의 집행과정에 두고, 이에 영향을 미치는 요인을 분석하여 행정정보공개제도의 실효성확보와 그 개선방안을 모색하는 데 있다.

우선 정책의 집행에 영향을 미치는 요인이 무엇인가를 분석하기 위해 정책집행에 관한 연구경향을 정리하고 아울러 기존의 정책집행요인론에 관한 선행연구들을 검토하였다. 그리고 행정정보공개제도의 운영실태분석을 통해 행정정보공개제도의 많은 문제점이 집행과정에서 수반되고 있음을 정리하였다. 이를 통해 행정정보공개제도의 문제점에 관한 정확한 처방을 얻기 위해서는 집행과정에 작용하는 요인들의 동태적인 작용과정을 파악하는 것이 무엇보다도 중요하다는 것을 알 수 있게 된다.

위의 내용을 바탕으로 정책집행과정에 영향을 미치는 주요 요인들의 작용을 분석할 수 있는 틀을 구성하였다. 즉, 본 연구는 정책집행의 결과를 좌우하는 요인이 무엇이며, 이러한 요인이 집행과정에서 제대로 작용했는지의 여부를 분석하는 것이므로 분석틀의 주요 구성요소를 첫째, 집행기반요인, 둘째, 집행주체요인, 셋째, 대상집단요인, 넷째, 정책환경요인 등으로 설정하였다.

이와 같이 연구문제가 결정되고 나면 그 문제가 갖는 성질에 따라 적절한 연구방법을 선택해야 한다. 본 연구의 대상인 행정정보공개제도는 제도 자체의 내용과 집행주체로서의 공무원들, 대상집단으로서의 주민들, 그리고 제도를 둘러싼 정치적, 경제적, 사회적 환경의 문제들과 같은 요인들이 복합적으로 작용하고 있다.

본 연구에서는 이러한 요인들을 효과적으로 정리하기 위해 관련 문헌조사와 설문조사 그리고 면담조사를 병행하였다. 구체적인 연구방법을 보면 다음과 같다.

먼저 행정정보공개제도와 관련된 국내외 관련서적과 논문 및 통계자료, 실무자료, 관련법규, 학회지 등의 정기간행물, 정부간행물, 신문, 인터넷 웹사이트 등의 자료를 수집하여 이론적으로 분석하는 이른바 제도적 접근방법인 문헌조사방법을 통해 정책집행에 관한 주요 이론 및 연구경향을 고찰하였으며, 이와 더불어 행정정보공개제도의 운영실태를 분석하였다. 이를 토대로 행정정보공개제도의 집행에 영향을 미치는 요인들을 파악하여 행정정보공개제도의 집행과정을 분석하기 위한 틀을 설정하였다.

또한 성공적인 행정정보공개제도의 집행을 위해서는 공무원의 대응성 못지않게 주민들의 적극적인 관심과 이용이 있어야만 한다는 인식 하에 설문조사를 통해 정보공개의 수요자인 주민과 정보보유자인 공무원의 의식과 행태가 행정정보공개제도의 집행에 어떠한 영향을 미치는지를 분석하였다. 이는 정보공개 당사자 중 실질적으로 정보공개업무를 담당하고 있는 공무원뿐만 아니라 정보공개청구권을 행사하는 주민들의 의식 및 행태를 파악함으로써 정보공개의 내실화에 이바지할 수 있기 때문이다. 그리고 설문조사로 부족한 부분은 행정정보공개제도의 관련 전문가와 면담조사를 실시하여 보완하였다.

행정정보공개제도의 집행에 영향을 미치는 요인을 분석하기 위한 구체적인 설문조사방법 및 분석기법은 다음과 같다. 본 연구의 설문조사의 대상은 서울시 25개 구청 가운데 공개청구량이 많은 강남의 5개 구청과 강북의 5개 구청의 종합민원실 공무원과 해당 구청을 방문한 민원인을 조사대상으로 선정하였다. 공무원의 경우 사전조사를 통해 얻은 지식을 토대로 행정정보공개제도의 집행을 실질적으로 가장 많이 수행하고 있는 기초자치단체의 공무원으로 한정하였다. 물론 이러한 조사대상의 한정으로 인해 조사결과의 일반화에는 다소 한계가 있다고 생각될 수도 있다. 그러나 공무원의 경우 행정자치부의 지침에 따라 중앙행정기관뿐만 아니라 각 시·도 지방자치단체에서 매년 정기적으로 정보공개현황을 보고하고 있으며 또한 지방자치단체별로 그 업무의 성격이 크게 차이가 나지 않는 점을 고려해 볼 때, 다른 일선기관이나 지방자치단체 공무원의 의식과 행태 또한 본 연구에서 표본으로 추출한 대상과 큰 차이는 보이지 않을 것으로 판단된다. 또한 주민의 경우에 있어서도 조사대상이 전 국민에 대한 대표성을 지니는지에 대한 한계가 있을 수 있으나 행정정보공개제도가 전국적으로 같은 기준에 의해 동시에 실시되고 있는 제도인 관계로 해당 부서를 방문한 민원인들만을 대상으로 한 조사라 하더라도 조사결과의 해석의 일반화에는 큰 무리가 없을 것으로 판단된다.

설문조사과정은 먼저 설문문항의 신뢰성과 타당성을 검증하기 위한 사전조사를 한 연후에 본 조사를 실시하였다. 설문의 형식은 조사대상자의 일반적 특성에 관한 사항에 관한 질문을 제외하고는 모두 추상적·주관적 개념을 측정하기 위한 다양한 척도의 구성기법 중 가장 많이 활용되고 있는 리커트(Likert)척도에 의한 5점 척도를 사용하였다. 조사를 위한 표본선정은 할당표본추출 방법을 이용하였고, 통계분석을 위하여 SPSS-WIN 통계패키지를 사용하였다.

통계분석방법은 빈도분석, t-검증, 분산분석, 요인분석, 회귀분석을 실시하였으며, 설문문항의 신뢰도 검증을 위해 Cronbach's Alpha값을 측정하는 신뢰도 분석을 하였다. 신뢰도 분석은 동일한 개념을 독립된 측정방법으로 재측정하는 경우 그 결과가 유사하게 나타나야 한다는 것을 전제로 하고 있으며, 일반적으로 Cronbach's Alpha가 가장 널리 사용되는 신뢰성 척도이다. Cronbach's Alpha의 값은 0에서 1까지의 범위를 가지며 사회과학 분야에 있어서는 일반적으로 0.6 이상일 경우 조사의 신뢰성이 확보된 것으로 평가한다.

제4절 연구동향

최근 전세계적으로 정보화가 급속히 추진되고 있으며, 정보화를 통해 경쟁우위를 확보하고자 하는 각국의 노력은 전산화된 정보의 양을 기하급수적으로 증가시켰다. 이에 따라 정보공개에 대한 연구는 새로운 전기를 마련하고 있다. 그동안 인쇄된 문서를 공개하고 열람하고 활용하는 선형적인 관계에서 전산화된 정보를 시간과 공간을 초월하여 활용하는 비선형적인 관계로 발전되었다. 특히 1996년에 개정된 미국의 전자정보공개법을 계기로 전자정보공개에 대한 연구가 활발히 진행되고 있으며, 여러 학자들은 정보화시대의 정보공개와 관련하여 발생할 수 있는 문제점을 해결하기 위해 여러 차례의 세미나를 통해 대안모색에 많은 노력을 기울이고 있다. 특히 1991년 이후 매년 토론회를 통해 정부기관들 간에 공동으로 정보공개 문제를 어떻게 대처해 나갈 것인가를 다루고 있다(정윤수, 1999: 54-55).

Jadlos와 Christensen(1994)에 의하면 크게 다섯 부문으로 나누어 정보공개 문제를 다루고 있다. 이 문제에 대한 접근방향을 제시해 주는 정책준거 틀의 설정(policy framework), 세금정보나 복지혜택정보 등 관련자들에게만 공개되는 정보와 관련된 문제(client-based services), 많은 돈을 들여 만들어진 정보가 제대로 활용될 수 있도록 도와주는 문제(user support), 법으로 공개되고 국민들에게 알리도록 규정되어 있는 정보의 배포에 따른 가격과 예산문제(pricing and budget), 정보나 자료의 내용과 소재를 쉽게 알 수 있도록 하는 색인시스템과 표준화문제(locator and standards) 등을 다루고 있다. Gellman(1995)은 정보에의 접근과 관련하여 발생할 수 있는 프라이버시 침해문제를 언급하면서 이들 간의 균형을 어떻게 맞추어 조화시켜 나갈 것인가에 대해 개인정보화임을 구체적으로 언급하며 논의하고 있다. 또한 Hernan(1991)은 정보공개에 대한 정부의 정보화정책의 기준이 분명하고 구체적으로 확립되어야 함을 주장하였다.

그동안 정보공개제도에 관한 국내의 연구는 안보논리나 시기상조론에 의해 법률의 제정이 지연되어 온 관계로 대부분 정보공개법이 통과되지 않은 상황에서 정보공개 청구권자, 정보공개 대상기관, 공개대상정보, 비공개대상정보, 정보공개 심의조직, 공개절차, 불복구제절차 등과 같은 규범적, 법적 논의에 치중하여 왔다(정충식, 1997). 정보공개제도에 관한 설문조사의 경우도 대체로 정보공개제도의 방향에 대한 연구에 중점을 두었다(박영기, 1992).

그러나 현대행정의 권력강화와 그 기능의 확대현상에 따른 정부의 정보독점행위에 반발하여 국민의 기본권인 알권리를 구체적인 실정법으로 규정하여 보장하려는 측면이 강조되어 정보공개법의 제정을 계기로 정보공개제도의 정착방안에 대한 연구들이 많이 이루어졌다.

　정보공개제도의 효과적인 정착을 위한 정보공개법의 주요 연구들은 제도적 측면과 운영적인 측면, 그리고 이에 따른 기대효과 세 부분으로 나누어 볼 수 있다. 제도적 측면으로는 비공개정보의 범위(강경근, 1999; 김철수, 1994; 성낙인, 1994; 구병삭, 1989), 정보공표의 도입(이승종, 1995), 그리고 정보공개수수료의 부담(강경근, 1999; 최호준, 1994) 등의 문제점에 대해 많은 논의가 전개되었다. 운영적 측면에서는 제도에 대한 대국민 홍보(박동서, 1999; 표시열, 1999; 강근복, 1990), 정보공개시스템의 정비(표시열, 1999; 강경근, 1999), 인력·예산 등 가용자원의 확보(성도경, 1997), 행정기관장의 정보공개의지 함양(정윤수, 1999), 공무원의 교육(박동서, 1999; 표시열, 1999; 박영기, 1992) 등이 개선과제로 제기되었다. 또한 대부분의 연구들은 정보공개제도의 활성화는 국민의 기본권으로서의 알권리를 충족시키고 주민의 삶의 질을 높일 뿐 아니라 정보공개기관으로 하여금 정보공개의무를 부과함으로써 참여행정, 책임행정, 투명행정 그리고 민주행정을 구현할 수 있을 것으로 기대하였다(강경근, 1992; 박영기, 1992; 성도경, 1997; 이승종, 1995; 이용규, 1996; 최호준, 1990). 한편, 최근 들어서는 전자적인 정보공개를 위한 정책방안을 모색하기 위해 법적인 측면에서 미국의 전자정보공개법과 문서감축법을 소개하며, 현행 우리의 정보공개법과 문서관리규정의 문제점을 지적하고 있다(명승환, 1997; 이기식, 1998; 정충식, 1997). 또한 기술적인 측면에서 정보통신기술을 이용한 전자적 문서관리방안을 제시하고 있다(원현옥, 1997).

　이와 같이 정보공개제도 실시 전후에 있어서의 연구들은 주로 정보공개제도의 법제도적 측면을 대상으로 하여 이론적 논의와 정책적 대안제시에 치중해 왔으며, 정보공개제도의 실제적인 운영현황과 문제점을 정책집행의 관점에서 분석하여 구체적인 개선방향을 제시한 논문은 거의 없는 실정이다.

그러나 최근에는 각종 시민단체에서 정보공개청구운동을 벌이면서 그 결과로서 각종 백서형태로 정보공개에 대한 실증자료를 축적하고 있다. 참여연대나 경제정의실천시민연대 등과 같은 시민단체에서 행정 감시를 목적으로 정보공개청구운동을 한 것이 실증조사 자료를 축적에 상당히 기여했다고 할 수 있다. 그중에서 눈여겨볼 만한 자료는 참여 연대가 1998년 5월부터 1999년 5월까지 광범위한 범위에 걸쳐 정보공 개청구운동을 벌인 것을 토대로 작성한 백서이다. 정보공개청구 사례 를 잘 정리하였고, 정보공개가 비공개로 결정되었을 때 불복한 과정까 지 잘 나타내고 있다. 그러나 이것은 어디까지나 보고서 형식으로 된 것이기 때문에 이론적인 뒷받침이 없는 자료이다.

인문과학이든 사회과학이든 간에 기존의 연구가 상당히 축적되어 있 을 경우에는 새롭게 접근하는 연구이든 혹은 기존의 연구를 확대하는 것이든 많은 도움을 받을 수 있다. 물론 기존에 축적된 연구의 내용이 나 방법론에 대한 정밀성과 현실적합성에 있어서 비판의 여지가 있을 수 있다 하더라도 기존에 축적된 연구를 기반으로 해서 보다 발전적인 연구가 가능하기 때문이다. 때문에 기존 연구의 축적은 매우 중요한 의미를 지니고 있다고 할 수 있다. 그러나 정보공개에 대한 연구에 있 어서 만은 사정이 그러하지 못하다. 즉 세련된 연구방법의 구사나 경 험적인 분석도 부족할 뿐만 아니라 아직 정보공개 연구에 있어서 과학 적 일반화(generalization)의 정도가 미약한 실정이다. 특히 정보공개에 대한 연구의 양적인 면과 질적인 면 모두에서 만족할 만한 수준이라고 단언하기 어렵고, 이 분야에 대한 연구자의 절대적 부족은 곧 연구기 반의 취약을 의미하는 것으로서 더욱더 그러하다고 할 수 있다. 따라 서 본 연구는 행정정보공개제도의 이러한 한계들을 극복하고자 하는 노력의 일련의 과정인 것이다.

제2장 이론적 논의 및 제도적 배경

제1절 행정정보공개제도의 의의

1. 행정정보공개제도의 개념

1) 행정정보의 개념

정보의 개념은 일정한 것이 아니고 사회가 발전함에 따라 변화되어 간다고 하겠다. 또한 정보는 상당히 복잡한 개념으로서 한마디로 표현하기 어려우며, 필요로 하는 분야에 따라 매우 다양한 정의들이 제시되고 있다.

행정정보의 개념을 이해하기에 앞서 먼저 일반적으로 불리는 정보 (Information)의 개념부터 살펴볼 필요가 있다. 일반적으로 정보를 자료와 상호 대체적인 동의의 개념으로 사용하기도 하고 때로는 '정보자료'와 같이 양자를 합하여 쓰기도 하지만, 오늘날 양자는 명확한 차이를 갖는 것으로 인식되어지고 있다. 즉, 자료란 관찰에 의해 획득된 사실로서 정보를 제공하기 위해 가공·처리될 원소재(raw material)인 데 반해 정보란 정보사용자에게 유의미하고 현재 및 미래의 의사결정에 있어서 실증적 가치가 있거나 있으리라고 예상되는 형태로 전환(가공·처리)된 소재를 말한다. 따라서 정보는 의사결정에 이바지하는 지식으로서 자료보다는 실증적인 상위 차원으로 인식되는 개념이다(Davis, 1974: 261-262). 우리나라의 정보공개법은 정보를 '공공기관이 직무상 작성 또는 취득하여 관리하는 문서, 도면,

사진, 필름, 테이프, 슬라이드, 컴퓨터에 의해 처리되는 매체 등에 기록된 사항'(법 제2조 제1항)으로 규정하고 있다. 이는 정보의 형식이나 종류는 법률에 열거한 것뿐만 아니라 공공기관이 관리하는 모든 형태의 기록물을 의미하는 것이다.[6]

이상의 정보의 개념을 통하여 행정정보의 개념을 정리하면, '행정정보란 행정과정에서 획득·생성되어 체계적으로 축적·가공·유통·활용되는 제반 자료로서, 행정의 주체(공공기관) 및 객체(국민)의 의사결정이나 행동을 위하여 사용될 수 있는 의미 있는 내용'이라고 할 수 있다. 이러한 행정정보는 정보로서의 일반적인 특성 외에도 공공의 이익을 추구하는 것을 그 기본적인 목적으로 하는 공공성, 정부만이 보유할 수 있는 것이 많은 강한 독점성, 정보의 수집에 있어서 법적 근거를 요하는 법적 제약성, 정치에 대한, 그리고 정치로부터의 영향이 큰 정치적 함축성, 행정-민간 간, 중앙-지방 간, 국내-국제 간 정보교환과 확산의 필요성이 민간정보보다 크며 광범위한 상대적 광역성, 능률성보다는 민주성·책임성·공정성·형평성·분배정의·서비스제공 등 능률외적인 요소가 더욱 중요한 고려사항인 탈능률성 등의 고유한 특성을 가지고 있다(하미승, 1996: 60-63).

2) 정보공개의 개념

정보공개의 개념은 국가, 지방자치단체 등 정보보유기관이 국정 및 자치단체운영에 관한 정보 및 기타 보유정보를 국민에게 공개하는 것이지만 그 기본적 유형에 따라 여러 가지 개념이 정의되고 있다(박영

---

6) 일반적으로 문서, 대장, 장부, 카드, 출판물과 같은 인쇄물, 간행물, 보고서, 기본계획서, 통계자료 등의 발달에 따라 새롭게 활용되는 최신의 기록수단도 모두 포함될 것이다. 또한 사무관리규정의 '공문서'(제3조 제1호)나 '자료'(제3조 제4호), '전자문서'(제3조 제7호)도 여기에서 말하는 정보에 포함된다.

기, 1992: 14-15).

정보공개를 국가(지방자치단체)와 국민(주민)과의 관계에서 살펴볼 때, 최광의의 정보공개는 국가기관이 보유 및 관리하고 있는 정보를 외부인에게 공개하는 일체의 행위를 말한다. 또한 공공기관의 공개의무화를 기준으로 하여 공공기관이 보유하고 있는 정보를 의무적으로 일반국민에게 제공하는 행위를 광의의 정보공개라 하고, 공공기관이 자발적으로 재량에 의하여 일반국민에게 정보를 제공하는 것을 정보제공이라 한다. 정보제공에는 공보·공청제도에 의한 행정공보, 언론기관에 대한 보도자료제공, 민원창구나 행정자료실(기록보존소)에 의한 일반정보서비스 등이 해당되며, 광의의 정보공개에는 법령에 의한 의무적 공표제도에 의하여 행하는 공표, 행정절차제도에 의하여 이해관계인에의 정보공개, 쟁의에 있어서 증거제출, 개인정보보호를 위한 자기정보공개청구제도에 의한 자기정보의 공개 등이 해당된다. 이러한 정보제공과 정보공개의 가장 큰 차이점은 전자가 제공하여야 할 정보의 선택이 행정의 재량에 위임되어 있기 때문에 정부 또는 공공기관이 발표하고 싶지 않은 정보는 제공되지 않는 데 반하여 후자는 법령에 의하여 공개가 의무화되어 있기 때문에 공공기관이 내놓고 싶지 않은 정보도 제공하지 않을 수 없다는 점에 있다(최창학, 1994: 65).

그리고 공공기관이 법령에 의하여 의무적으로 정보를 제공하는 경우에 있어서 국민의 청구를 전제로 하여 정보공개가 이루어졌는지 여부에 따라 청구공개와 정보공표로 구분된다. 즉 정보공개청구권의 주체인 국민의 공개청구에 의하여 공공기관이 의무적으로 당해 정보를 공개하는 것을 협의의 정보공개 또는 청구공개라 하고 공공기관이 법령에 의하여 필요한 정보를 공시, 공표하도록 의무화되어 있어 공개하는 경우, 이를 청구에 의한 정보공개와 구별하여 정보공표라 한다.

따라서 가장 좁은 의미의 정보공개라 함은 정보공개청구권의 주체인 국민의 정보공개청구권에 의하여 공공기관이 의무적으로 당해 정보를 공개하는 것을 말하는 것이다. 일반적으로 정보공개라 함은 이러한 의미를 말한다. 결국 이 중에서 어떤 개념을 취할 것인가는 국가 또는 국민이 처해 있는 특수상황이나 선호에 따라 결정될 수 있다. 그러나 국민이 모르는 정보는 최소화하고 알권리는 최대한 보장한다는 의미에서 정보공개는 최광의의 개념으로 해석되어야 할 것이다.[7] 따라서 정보공개의 개념은 공공기관이 법적 의무에 의하여 의무적으로 정보를 공개하는 정보공표와 국민의 청구를 전제로 한 정보공개뿐만 아니라 자발적으로 행정기관이 재량에 의하여 국민에게 정보를 제공해 주는 정보제공까지도 포함하는 개념으로 보아야 할 것이다. 정보공개의 보다 효율적인 개념정의를 위해 정보공개와 정보제공 및 정보공표와의 관계를 도표로 정리하면 [표 2-1]과 같다.

---

7) 우리나라의 경우 정보공개법 제1조에서 공공기관에게는 정보공개의무를 부과하고 국민에게는 정보공개청구권을 인정하고 있고, 동법 제21조에서 비록 훈시규정에 불과하지만 정보제공을 규정하고 있는 것으로 보아 행정 정보공개의 개념을 최광의의 개념으로 해석하는 것이 타당할 듯하다. 그러나 정보공표에 대한 규정은 동법시행령 제22조에서 행정자치부 장관으로 하여금 각 공공기관으로부터 제출된 정보공개운영실태를 종합한 운영실태에 대한 공표만 규정하고 있을 뿐 정보공표에 관한 구체적 내용과 일반적인 절차에 관한 규정은 어느 조항에도 없는 점을 볼 때, 완전한 최광의적 개념의 행정정보공개의 개념이라고는 보기 어려울 것 같다. 따라서 국민의 알권리를 보장하고 책임행정, 민주행정을 구현하고자 하는 정보공개법의 입법취지를 제대로 실현하기 위해서는 현재 개별법에 의해서만 규정되고 있는 정보공표도 일반적인 정보공개법상에 포함시켜 완전한 최광의적 행정정보공개 개념으로 해석될 수 있도록 입법보완의 필요성이 제기되어진다. 즉, 정보공개법 제1조의 "공공기관이 보유·관리하는 정보의 공개의무 및 국민의 정보공개청구에 관하여 필요한 사항"의 규정을 "공공기관이 보유·관리하는 정보의 공개에 관한 사항"으로 개정하든지 단서조항에 정보공표를 규정하는 것이 정보공개법의 직접적인 목적인 알권리의 충족과 국정의 민주화 촉진을 달성하는 데 보다 크게 기여할 것으로 보인다 (성도경·박의상, 2001: 283).

[표 2-1] 정보공개의 개념정의를 위한 비교

구 분	청구에 의한 것	청구에 의하지 않는 것
의무적 공개	·정보공개제도 (타 법령 등에 따른 증명서 교부, 관계문서의 열람 등)	·공표의무제도 (조례·규칙의 교부, 재정상황 의 공표)
임의적 공개	·임의적 공개 (자료실·도서관의 열람 등)	·정보제공시책 (홍보지·백서발행 등)

　　위에서 언급한 각 유형들은 국가와 국민 간의 관계에서 본 행정정보
공개의 개념을 말하지만 일반적 의미에서의 정보공개의 개념은 공공기
관뿐만 아니라 일반기업이나 언론매체 등 사조직들이 이해당사자나 국
민에게 정보를 제공하는 일체의 행위를 의미하기도 한다. 이러한 가장
넓은 의미의 정보공개는 이상적인 형태에 속하고 또한 현실적으로도
이 제도의 완전한 실행은 다소 불가능하다고 보여지므로 여기서의 정
보공개라는 것은 행정정보의 공개를 뜻함을 밝혀둔다.

　　그런데 행정정보공개는 반드시 정부와 국민 사이에서만 이루어지는
것이 아니라 정부 내에서의 공개도 이루어져야 하는 것이다.[8] 정부 내
에서의 정보공개에는 해당 부처의 일반직원이나 타부서에의 공개와 정
부 공무원 일반이나 정부 내 타 부처에 대한 공개 등이 있을 수 있다.
특히 정책결정과정의 정부 내에서의 공개는 대외적인 공개 못지않게
중요하다(백완기, 1989: 595).

---

8)　현대행정의 특성상 어느 한 분야의 정책결정은 여타의 수많은 분야에도
　　영향을 미치고 있고, 또한 정책의 집행에도 여러 행정부처의 협조가 있어
　　야 추진될 수 있는데, 특히 우리나라의 경우 해바라기성 정책결정이나 일
　　회성 정책결정의 성격이 강해 정부 내에서의 정보공개가 제대로 이루어지
　　지 않고 있는 실정이다(안광복, 1994: 220).

3) 정보공개제도의 의의

정보공개제도란 국민이 국가나 지방자치단체 등 공공기관이 보유하고 있는 정보에 대하여 공개를 청구할 수 있는 권리를 보장하는 한편, 정부 등 공공기관이 보유하고 있는 정보를 국민에게 공개할 의무를 부여하는 제도를 뜻한다. 즉 정보공개제도는 공공기관이 직무상 작성 또는 취득하여 관리하고 있는 정보를 수요자인 국민의 청구에 의하여 열람·사본·복제 등의 형태로 청구인에게 공개하거나 공공기관이 자발적으로 또는 법령 등의 규정에 의하여 의무적으로 보유하고 있는 정보를 배포 또는 공표 등의 형태로 제공하는 제도를 말한다.

이러한 정보공개제도는 국민의 기본권으로서 알권리를 제도적으로 보장하기 위하여 실정법상에 정보공개청구권의 주체, 청구권의 기본적 내용과 한계, 권리행사의 절차와 방법, 권리가 침해된 경우의 구제방법 등을 구체적으로 규정함으로써 헌법상의 권리인 알권리를 사법적 구제의 대상이 되는 실정법상의 권리로 되게 하는 제도라고 할 수 있으며, 국가와 국민 간의 정보전달체계가 행정기관의 주도하에 일방적·임의적·비공식적 내지는 부분적으로 행하여졌던 것이 쌍방적·공식적 채널에 의해 이루어지는 것으로 국민이 행정정보의 단순한 피동적 수령자가 아니라 주어진 권리행사로서 당연한 요구자의 입장에 설 수 있는 기반을 제공하는 것이다.

결국 정보사회에 있어서의 정보공개제도는 국가와 국민 간에 정보의 자유로운 흐름(a free of information)을 보장하는 것으로 이해되어야 한다(Cooper, 1986: 623). 즉, 국가와 국민 간에 이와 같은 정보공개가 이루어질 때 이는 본질적으로 양자간에 직접적인 교류의 길을 트는 것이며, 국가의 활동을 국민의 직접적인 감시하에 둠으로써 그만큼 직접민주주의에 가깝게 만드는 것이다.

2. 행정정보공개제도의 기대효과

행정정보공개제도는 왜 필요한가? 행정정보공개제도의 도입은 과연 어떤 효과를 가져오게 되는가? 이와 같이 정보공개제도의 기대효과 또는 필요성은 보는 관점, 특히 공개청구자의 입장에 따라 여러 가지로 지적될 수 있다. 그럼에도 불구하고 일반적으로 주장되는 내용을 정리해 보면 다음과 같다.

1) 국민의 알권리[9] 보장

인간이 동물과 다른 특성 가운데 하나는 사색을 할 수 있고 가치를 판단한다는 데 있다. 이때 생각하고 판단하기 위한 자료가 지식과 정보라 할 수 있다. 따라서 지식의 체계적인 습득을 위해 모든 국가는 일정 수준까지의 의무교육을 실시하여 문자해독의 능력을 갖게 하는 것이다. 또한 국내외 사회전반에 걸친 다양한 정보에 대해서도 국민이 접근하여 알 수 있어야 한다는 것이 알권리의 주된 내용이다.

이때 국민이 사회전반과 국가활동에 대해 알아야 한다는 점은 사회와

---

9) 알권리라 함은 "일반적으로 접근할 수 있는 情報源으로부터 의사형성에 필요한 정보를 수집하고, 수집된 정보를 취사·선택할 수 있는 자유"라고 소극적으로 정의되는 동시에 한편으로 적극적인 측면으로 파악하여 알권리를 "일반적으로 접근할 수 있는 정보원으로부터 방해받지 않고 보고, 듣고, 읽을 권리일 뿐만 아니라 정보의 공개도 청구할 수 있는 권리"라고 정의하고 있다(박영기, 1992: 28). 즉 알권리는 자기통치체제하의 여러 권리행사의 기반이며 자유로운 판단을 형성하기 위하여 불가결한 정보·사상·의견을 방해받지 않고 자유롭게 향유할 수 있는 소극적 자유권인 동시에 이를 직접 청구할 수 있는 적극적 권리로서, 알권리의 행사를 방해하는 국가행위의 배제를 요구하는 자유인 동시에 국가에 적극적인 정보공개의무를 지우는 권리를 말한다. 따라서 정보에 대한 알권리는 정보수령권, 정보수집권, 정보공개청구권으로 구성되는 것이라 할 수 있다.

국가활동의 전개에 맞춰 스스로의 삶을 적응시켜야 한다는 소극적인 측면과 국가활동과 사회전개의 내용을 파악하여 주권자인 국민으로서 적절히 판단·평가를 통해 참여할 수 있게 한다는 적극적인 측면을 동시에 포함하고 있다.

그러나 많은 독재자들은 국민들이 정치 이외의 것에 관심을 갖게 하는 愚民政治 혹은 愚衆政治를 즐겨 사용해 왔음을 상기할 필요가 있다. 이는 꼭 옛날 일만은 아니다. 오늘날에도 정당하지 못한 정치 지도자들은 진실을 은폐하고 사실을 오도하기 위해 국민의 알권리를 침해하는 사례는 빈번히 있어 왔다(김석준·강경근·홍준형, 1993: 28-30). 그러므로 알권리가 이론적·추상적인 권리에 머물지 않고 실제적·구체적인 권리가 되기 위해서는 그 보장수단의 확보가 필요하다.

오늘날 이러한 알권리의 보장수단으로서는 일반적으로 간접적 보장과 직접적인 보장으로 나누어 볼 수 있다. 간접적 보장수단으로는 대중전달 수단인 언론기관의 출판, 방송 등을 통하는 경우와 신문, 방송 등 매스미디어의 기사에 의하여 비판, 공격, 기타의 피해를 받은 자가 이에 대한 반론을 게재 또는 방송하도록 당해 미디어에 요구할 수 있는 권리, 즉 반론권을 통하는 경우가 있으며 표현의 자유가 침해된 경우에 표현자 또는 표현수혜자의 소송을 통하는 경우가 있다. 직접적 보장 수단으로는 국가에 대한 국민의 정보공개청구권 행사, 국가기관의 정보제공의무에 의한 보장을 생각할 수 있다.

이 중에서 정보공개제도는 알권리의 본래의 이념과 합치하는 것으로 직접적·효과적으로 알권리를 보장할 수 있다는 점에서 그 중요성이 매우 크며 오늘날 알권리의 중심부에 와 있다고 할 수 있다. 이처럼 국민은 알권리를 가지고 있기 때문에 자신들의 생활에 직·간접적으로 영향을 미치는 국가활동의 전반에 대하여 필요한 정보를 청구할 수 있는 권리를 갖게 되는데 이때 정보공개는 국민의 알권리의 필요조건이 된다.

2) 참된 민주주의 실현 및 민주정치의 강화

정보공개제도는 참된 민주주의의 존립과 국민자치의 실현을 위해서도 필요하다. 국민은 항시 국정의 다양한 정보에 자유로이 접근할 수 있어야 하고, 정부의 내부에 축적되어 있는 정보에 스스로 정통하여야 국정을 결정하는 주권자로서 올바른 정치적 판단을 내릴 수 있다.

또한 정보공개제도는 민주정치를 강화하는 데 필요하다. 행정의 역할과 기능이 확대·강화된 현대국가에서 행정의 사회적 효용은 공익을 기준으로 판단하게 되고 그 최종적인 판단은 국민이 해야 함에 따라 판단에 필요한 행정정보가 자유롭게 이용가능해야 한다(권영성, 1997: 318). 정부는 정보의 주인이 아니라 관리자로서 당연히 국민에게 행정정보를 공개해야 하는 것이며 국민에게 정보를 제공하지 않는 정부는 민주정부라 할 수 없는 것이다. 따라서 정보공개는 특히 국민에 의한 정치를 구현하기 위하여 필수적으로 요구된다. 다시 말하면, 주권자로서 국민이 국정에 관한 올바른 판단을 내려서 합리적인 조정, 통제를 하는 데는 국정전반에 정통해야 하고 그러기 위해서는 국정활동에 관한 모든 정보에 자유롭게 접근이용이 가능해야 한다(Cleveland, 1986: 605-607). 특히 국정활동에 대하여 직접적으로 비판하고 그에 상응한 행동을 취하기 위해서는 홍보정보에의 접근이용만으로는 미흡하므로 청구정보에 의한 접근이용이 가능해야 한다.

3) 행정의 책임성 제고

정보공개제도는 행정관료의 행동양식에 직접 작용하여 행정의 책임성을 제고시킬 수 있는 유효한 수단이다. 아울러 그 효과가 간접적이고 제한적이기는 해도 국민의 참여확대를 통해 행정과정에 대한 감시·투입 기능을 강화함으로써 행정책임성을 제고시키는 역할을 한다.

또한 정보공개제도를 통한 행정정보의 획득이라는 것 이외에도 행정의 모든 기능이 국민의 이해관계와 불가분의 관계를 갖고 있다. 따라서 행정의 책임성 확보는 주민을 위한 행정을 구현하는 데 필수적인 요소라는 점에서 정보공개의 제도화는 행정 책임성의 제도화로써 역할을 수행하게 된다(Robertson, 1992: 11). 더욱이 정보공개제도는 행정의 책임성을 확립하기 위하여 제시하고 있는 여러 가지 행정통제수단 중 가장 쉽고 빠르게, 그리고 적은 비용으로 적용할 수 있는 수단이라는 점에서도 정보공개제도는 필요하다(Peter, 1989: 255; 이승종, 1990: 37-38).

4) 국민의 권리와 이익의 보호

정보공개제도는 국민의 권리와 이익의 보호나 국민에게 봉사하는 행정을 위해서도 필요하다. 현대의 국민생활은 환경·공해·소비자·교통·도시문제들 갖가지 복잡한 문제로 시달리고 있다. 국민은 자신들의 권리나 생명·건강·심신의 안전·생활을 보호하기 위해서 수시로 관련정보를 획득하여 공공기관에 대하여 생활이익의 침해원인에 대한 해명과 적절한 방지책 및 구제책을 강구하여 주도록 요구할 수 있는 권리가 보장되어야 한다. 정보공개제도는 국민의 권리와 이익의 보호나 손해를 미연에 방지하는 데 있어 크게 공헌할 것이며 또한 국가가 국민의 경제·사회생활면뿐만 아니라 교육·문화활동면에 봉사하도록 하는 데 크게 기여할 것이다.

5) 국민의 행정참여 확보

정보공개제도는 국민의 행정참여 확보를 위해서도 필요하다. 국민의 행정참여는 기계적 관료제의 한계로부터 탈피하여 행정조직의 민주화,

대민관계의 민주화를 지향하는 행정의 민주화에 있어 필수적인 요건으로 간주된다. 국민의 행정참여를 위해서는 행정이 무엇을 수행하고 있는가에 대한 충분한 정보가 국민에게 제공되지 않으면 안 된다. 이러한 조건이 충족되지 않으면 행정참여는 공허한 가설에 불과하다.

국민이 행정과정에 참여하는 데 가장 큰 장애요인은 충분한 정보를 가지지 못하고 있다는 것이다. 정보를 가지지 못한 국민은 행정에 대해 무감각하게 되고 결국은 행정과정에 적극적으로 참여하지 않게 될 것이다. 그러나 만일 국민이 보다 많은 유용한 행정정보를 접할 수 있게 된다면 그 정보를 통하여 행정에 대한 관심이 증대되고 또 보다 구체적인 목표의식을 가지고 행정관료들과 접촉하여 그들의 요구를 행정과정에 투입시킬 수 있을 것이다.

따라서 정보공개제도는 국민의 행정에의 의존·종속의식을 자주·자율의식으로 바꾸어서 단편적인 관심에서 지속적이고 깊은 관심으로 전환시키는 원동력이며, 국민의 행정참여 확보의 필요조건이다. 국민의 행정참여가 단순히 형식상의 것으로 그칠지 아니면 그것이 유의미한 것이 되느냐의 여부는 정보공개의 촉진과 정보를 국민과 공유하는 의식이 확산되느냐에 달려 있다고 할 수 있다.

6) 부정부패의 방지

정보공개제도는 부정부패행위의 방지를 위해서도 필요하다. 정보공개제도는 행정감시에 의한 행정의 공정성 확보와 행정의 비밀주의를 지양하고 행정운영을 개방하여 공개함으로써 비밀주의의 폐해를 불식하고 방지하는 기능을 하는 것으로 행정의 수행을 수임 받고 있는 공무원의 행동을 제어하는 가장 중요한 수단이다. 우리 사회에서는 아직도 공무원의 오직이나 공금의 낭비 등 공무원의 부패가 완전히 근절되지 않은 실정이다. 이는 근본적으로 국민의 감시가 미치지 않는 밀실

정치가 구조적으로 가능한 데에 원인이 있다(이용규, 1996, 523). 결국 정보의 폐쇄로 인하여 외부로부터 차단되어 있는 국가는 필연적으로 부정부패와 비리의 온실이 되어 온 것이다. 또한 행정정보가 국민의 공유재산임에도 불구하고 이를 일부 인사들만이 독점함으로써 특권이 발생하고 이에 따른 치부가 가능하고 부패가 만연하게 된 것이다.

월슨은 비밀주의의 폐해에 대하여 언급하면서 "비밀은 부정을 의미한다. 그러나 공개는 정부를 정화시키는 요소이다"라고 단언한 바 있다. 부패는 일광소독에 의해서 예방할 수 있는 것처럼 행정정보의 공개는 부정부패를 방지할 수 있는 유력한 수단이 되고 있다. 이 점에서 정보공개법은 일광법(sunshine act)이라고 불린다. 정보공개제도를 통해서 공직자의 재산상태를 기록케 하고 이를 공개함으로써 공무수행 과정에서의 부정부패의 소지를 없앨 수 있으며 치부의 과정과 재산증식의 과정을 추적함으로써 부정부패의 증거나 혐의를 노출시켜 방부제로서의 역할을 기대할 수 있을 것이다(박영기, 1992: 21-22). 이는 곧 '유리창 행정' 또는 '투명 행정'을 가능하게 해서 행정의 민주화와 책임행정을 구현할 수 있게 해 준다. 나아가 행정에 대한 국민의 신뢰감을 증진시켜 정부와 국민 간의 새로운 관계를 형성하는 데 도움이 될 것이다.

7) 지식과 학문의 발전 및 진리발견

정보공개제도는 지식과 학문을 발전시키고 진리를 발견하기 위해서도 필요하다. 지식과 학문의 발전을 위해서는 인간의 지적인 창조력이 최대한 보장되는 자유로운 사회이어야 한다. 그리고 그것을 가능케 하는 기본적인 조건으로서 표현의 자유와 자유로운 정보의 유통을 보장하는 정보공개가 이루어져야 한다. 지식과 학문의 발전을 위한 자유로운 정보의 유통과 선택을 가능케 하기 위해서는 정보를 누구나 편하게 접근할 수 있는 장소나 시설에 합리적으로 정리·분류·저장하여 언제라도 손쉽게 사용할 수 있도록 하여야 하며, 누구라도 어떠한 정보이든 간에 아무 장애 없이 자유로이 접근해서 자유로이 입수할 수 있어야 하며, 모든 분야에 걸친 다양한 정보가 아무 제한 없이 아무 차별 없이 균등하게 자유로이 유통되도록 해야 하며, 국가보유정보도 포함해서 최대한으로 많은 정보가 국민에게 공개되도록 정보의 독점을 막아야 하며, 정보의 자유로운 유통이나 자유로운 접근을 막는 여러 가지 장애는 제거되어야 한다.

정보공개제도는 진리를 발견하기 위한 과정으로서도 필수적이다. 지식을 얻고 진리를 추구하고자 한다면, 정보에 접근하여 모든 정보를 듣고 온갖 대안을 고려하여 반대론 측에 자기의 판단을 노출시킴으로써 그것을 시험하고 상이한 의사를 충분히 흡수·이용하도록 하여야 한다는 것이다. 그리고 그것을 위하여 자유로운 의사교환과 공개토론이 보장되어야 한다. 만약 그렇지 못하여 공개토론이 억제되고 자유로운 정보의 흐름이 제한을 받아 통제나 조작으로 지식과 학문 및 진리가 왜곡된다면 그것은 인간과 사회의 발전을 저해함으로써 개인뿐만 아니라 사회와 국가를 위해서도 큰 손실이 되는 것은 자명하다는 것이다(박영기, 1992: 17-18).

3. 정보공개제도의 한계

정보공개제도는 앞에서 언급한 것 같은 순기능(긍정적 효과)만을 가지는 것이 아니고 여러 가지 역기능(부정적 측면)이 따를 수 있고, 그와 같은 역기능은 정보공개제도에 대한 반대의 논거로 제시되기도 한다.

정보공개제도의 역기능으로는 ① 정보공개에 따른 주요 외교, 국방, 안보정책 내용 등 국가기밀의 무분별한 유출 가능성과 이에 따른 국익의 침해 가능성, ② 정보공개제도 운영과 국가기밀의 보호조치 강구를 위한 정부부담의 증가, ③ 사생활 정보의 유출에 따른 프라이버시의 침해, ④ 경쟁상대 기업이나 우리나라 경제정책의 비밀 탐지를 위한 산업스파이 등 경제전쟁에의 목적으로 악용될 위험성, ⑤ 범죄자나 그 집단에 의한 악용 우려, ⑥ 정보공개로 제보자의 신원노출을 우려한 정보제공 의무자나 정보의 임의 제공자가 기피하여 공공기관의 정보수집에 대한 지장 초래 및 정보내용의 왜곡 우려, ⑦ 정보공개를 위한 문서목록작성, 정보공개를 담당한 전담기구 설치 및 인력증원과 구제절차 및 소송수행을 위한 행정부담의 증가, ⑧ 공개청구 민원인이 많아질 경우 정상적인 업무수행의 지장초래와 만성적인 업무정체현상 초래, ⑨ 정책적 책임이나 행정적 책임을 면하기 위하여 논란의 소지가 있는 정치적으로 민감한 사항이나 중요한 문서작성의 기피 및 파괴의 위험성, ⑩ 부실한 정보 유통이나 조작된 정보의 공개 우려, ⑪ 공무원들의 사기 위축과 소극적인 업무추진 우려, ⑫ 행정의 능률성 및 효율성 저하 가능성, ⑬ 정보접근능력이 있는 자만이 정보를 접하므로 정보접근능력이 없는 자보다 상대적으로 유리하여져 형평성을 상실할 우려 등을 들 수 있다(홍춘의, 1995: 12-13).

그러나 정보공개제도의 이러한 역기능은 목적적 개념이 아니라 단지 수단이나 절차적 개념의 문제라고 여겨지므로 민주주의 혁명이라고도 할 만한 정보공개제도의 긍정적인 효과를 상쇄시킬 만한 반대의 논거는 되지 못한다고 사료된다. 따라서 정보공개제도를 실시함에 있어서, 정보공개제도의 긍정적인 기능의 효과를 고려해 볼 때 어느 정도의 부정적인 기능을 불가피하게 감수해야 하겠으나 그 범위를 극복할 수 있도록 이를 최소화할 수 있는 제도적 보완에 대한 강구 노력이 뒤따라야 할 것이다.

제2절 정책집행의 논리

1. 정책집행의 의의

1) 정책집행의 개념 및 특성

정책과정 속에서 정책집행이 차지하는 비중이 점차 증대되어가고 있는 이유는 실제로 정책목표의 달성, 정책의도의 실현이 정책집행의 성공여부에 달려있기 때문이다. 정책의 집행이 정책목표의 달성을 자동적으로 담보하는 것이 아니라 성공적인 정책집행이 이루어진 경우에만 그것이 가능하다는 전제 때문에 정책집행의 중요성이 부각되는 것이다(안해균, 1992: 326).

정책의 여러 부문 중에서 집행에 대한 연구는 비교적 그 출발이 늦은 편이라고 할 수 있다. 그래서 일부 학자는 정책에서 집행연구가 소홀히 취급된 점을 빗대어 집행을 정책연구에서의 '빠뜨려진 장(missing chapter)'이라고 말하고 있다(전상경, 1993: 409).

정책집행에 대한 관점이 변화되어 옴에 따라 1970년대에 들어와 많은 연구가 진행되었다. 특히 Pressman & Wildavsky(1973)의 연구는 정책집행연구의 역사에서 하나의 중요한 기폭제로서의 역할을 하였다. 왜냐하면 그들 이후로 많은 사람들이 정책집행에 대해 관심을 가졌기 때문이다. 정책집행과정은 정책의 아이디어와 정당성이 구현되는 장이며, 정책의 성패가 결정되는 중요한 정책과정이다. 이러한 점에서 Goggin, et al.(1990: 9)은 1990년대는 "집행연구의 시대(the implementation era)"가 될 것이라고 거침없이 예언하기도 하였다.

정책집행은 정책의 내용을 실현시키는 과정을 의미한다. 정책의 내용을 실현시키는 과정은 일련의 활동들로서 구성된다. 정책의 내용은 정책목표와 정책수단으로 이루어지는데, 정책의 내용을 실현시킨다는 것은 정책수단을 실현시키는 것이 그 핵심이 된다(Williams, 1980: 3; 정정길, 1989: 463). 그러나 이러한 정책집행은 매우 동태적·순환적 과정이며 정책결정자와 집행자, 정책집행의 주체와 객체, 환경과 조직, 그리고 인적·물적 자원으로서의 정책집행수단이 상호 복잡하게 얽혀서 작용하는 과정(곽효문, 1995: 503)이기 때문에 그 개념과 범위를 한마디로 단정하기란 대단히 어려운 문제이다.

따라서 정책집행과정을 개념화하기 위한 학자들의 노력도 각자의 관점에 따라 다양한 내용으로 나타나고 있다. 그러나 이미 결정된 정책을 실천에 옮겨서 그 정책이 효과를 거두어보려는 의도된 활동임에는 틀림없다. 정책집행의 개념에 관한 여러 대표적인 학자들의 견해를 살펴보면 다음과 같다.

먼저 정책집행을 정책결정과정에서 설정된 목표를 수행하는 데 초점을 둔 견해로는 Pressman & Wildavsky와 Van Meter & Van Horn을 들 수 있다. Pressman & Wildavsky(1973)는 고전적인 의미에서 볼 때 집행을 "실행하는 것(carry out), 수행하는 것(accomplish), 달성하는 것(fulfill), 생산하는 것(produce), 완성하는 것(complete)"을 의미한다고 하면서 정책집행을 "목표설정활동과 목표달성활동 사이의 상호작용 또는 예견된(또는 바람직스러운) 결과를 달성할 수 있는 능력"이라고 하고 있다. 정책집행에 대한 그들의 정의는 행위성과 목표지향성이 내재되어 있다고 하겠다. Van Meter & Van Horn(1975: 447)은 집행을 비교적 명확히 규정하여 "이전의 정책결정에서 설정된 목표를 달성하기 위한 공적 혹은 사적인 개인 또는 집단이 하는 행동"으로 정의하고 있다. 이들은 정책집행을 단일방향적 과정으로 파악하고 있으며, 행위성과 목표지향성 이외에 정책집행에 참여하는 개인과 집단의 심리적 요인을 강조하고 있다.

이들과는 달리 집행과정을 단일방향적이 아니라 순환적인 과정으로 보는 견해로는 Rein & Rabinowitz와 Nakamura & Smallwood를 들 수 있다. Rein & Rabinowitz(1983: 118, 123-124, 128-129)는 정책집행이란 "정부선호의 선언이며, 이것은 여러 행위자들에 의해 조정되는 것으로, 이들 행위자들은 상호작용하는 권력관계와 협상으로 특징 지워지는 순환과정을 만들어 나가는 것"이라고 정의한다. 또한 "정책집행은 통합된 과정이 아니라 지침개발, 자원배분, 감독의 세 가지 단계를 거치는데 이것은 일차원적인 전이과정이 아니라 순환적인 과정이다"라고 한다. 이들은 정책집행의 순환성의 원리(principles of circularity)뿐만 아니라 집행과정의 정치성을 강조하였다. Nakamura & Smallwood(1980: 27-28)는 정책집행이란 "권위 있는 정책지시를 실천하는 과정으로서 간단지도 자동적이지도 않으며, 다른 정책환경과 순환하는 것이다"라고 하면서 과정성과 정책지향성을 강조하고 있다. 이들은 집행을 집행단계 자체에만 국한시키지 않고 정책환경의 문제를 상당히 중시했다.

한편 집행과정을 game system으로 보고서 집행행위자들의 동태적인 활동을 강조하는 견해가 있다. 즉, Bardach(1977: 37, 56-58)는 정책집행을 "특별한 사업결과를 가져오기 위해 집행과정에 참여하는 행위자들이 가진 다양한 사업요소들을 협상과 설득을 통해 조립하는 과정이며 이것은 느슨하게 연결된 게임"이라고 한다.[10]

그리고 오늘날 많은 학자들은 집행과정에 있어서도 새로운 결정들이 실질적으로 이루어진다는 점을 강조하고 있다(Palumbo, 1988: 92). 이러한 견해로는 Montjoy & O'Toole, Lindblom, Palumbo를 들 수 있다. Montjoy & O'Toole(1979: 465)은 집행을 "공공정책을 수행하면서 이

---

10) 또한 Bardach(1982: 407)는 정책집행을 "권위적으로 채택된 정책명령에 의해 자극받고, 그 명령에 따라 이루어지는 사회적인 활동과정"이라고 정의하기도 한다.

루어지는 의사결정들"이라고 정의하며, Lindblom(1980: 64-65)은 "집행은 정도의 차이는 있으나 항상 정책을 결정하거나 수정한다"고 하면서 정책결정으로서의 집행이라는 개념을 사용하고 있다. Palumbo (1988: 93)는 정책집행을 "사업의 방향을 통제하기 위해 정치가, 관료, 이익집단, 대중들이 경쟁하는 과정에서 일어나는 정책결정과정의 한 부분"이라고 한다.

지금까지 살펴본 바를 정리하면, 초기의 정책집행연구가 주어진 목표를 단순히 기계적으로 수행하는 과정이라고 본 견해에 대해서는 오늘날 많은 학자들이 별로 동의하지 않는 대신에 목표를 달성하기 위한 수단의 실현과정으로 정책목표를 오히려 수정하기도 하면서 정책결정이나 정책평가단계와 상호 순환한다는 점을 강조하고 있을 뿐만 아니라 집행과정에 있어서 많은 참여자가 관여하여 이들 간에 치열한 게임이 진행되며 이 과정에서 실질적으로 목표달성의 수단이 구체화되는 것으로 보고 있다.

아직까지도 정책집행연구자들 사이에서는 정책집행에 관한 정의가 합의되지 못하고 있는 실정이다. 그러나 정책집행을 과정(process)으로 보는 점에 있어서는 어느 정도 의견의 일치를 보고 있는 것 같다.[11] 과정으로서의 정책집행은 첫째, 많은 사람과 조직이 관련되고 정책결정과정・정책평가과정과 상호작용하는 복합적 성격[12], 둘째, 집행자가 새로운 정책에 적응해야 할뿐만 아니라 정책 자체가 현지실정에 맞도록 수정되어야 한다는 상호 적응성[13], 셋째, 법률제정을 비롯하여 지침

---

11) Lamphere & Rosenbach(2000: 207)는 정책집행을 "정책이 결정된 후에 평가되기 전까지 정책이 이행되는 과정"으로, Goldstein & Morning(2000: 6230)은 정책집행을 "형성된 정책의 업무가 추진되면서 일상화되는 과정"으로 정의하고 있다. 이러한 정책집행은 정책목표를 정확히 하여 이의 달성을 위한 정책수단을 마련하고 자원을 확보하여 정책대상집단에 편익 또는 제한을 가하는 상호작용적 활동이다.
12) Radin(1977: 10-11)은 정책집행과정을 복합적 과정(complex process)으로 보고 있다.

개발, 자원배분, 평가를 거치는 순환적 특성[14]을 가지고 있다. 이러한 점에서 정책집행은 사람들의 생각과 행동, 결과를 연결하는 지극히 복잡한 과정인 것이다(Alexander, 1985: 403-404).

2) 정책집행의 중요성

정책과정에서 정책결정만이 중요하고 정책집행은 별로 중요하지 않다고 생각하는 경향은 정책을 둘러싸고 있는 전반적 행정문화, 정책문화 혹은 정치문화에 상당한 영향을 받았기 때문이다(유훈, 1983; 김병준, 1985). 즉, 그러한 문화는 행정과정을 하나의 기계적 측면으로 파악하고 있었기 때문에 조직 안에서 종사하는 행정인들을 하나의 기계부품으로 간주하여 그들의 인간적 측면 혹은 비공식적 측면을 무시한 채로 그들에게 업무를 수행하게끔 종용하였다.

대표적인 예로 Taylor의 과학적 관리, Wilson의 정치·행정이원론, Weber의 하향식 관료제가 그것이다(유병복, 1998: 147-148; 박성복·이종렬, 1998: 410-420). 행정과정 혹은 정책과정을 너무나도 단순화시킨 이러한 이론들은 기계적인 행정구조 아래에서는 정책이 일단 결정되면 정책집행은 자동적으로 이루어진다고 믿고 있었다.

그러나 사회가 점차 복잡해짐에 따라 정책집행의 기간 동안에 다양한 문제들이 발생하여 결정된 정책이 자동적으로 집행되기는 거의 불가능하게 되었다. 그리고 정책결정과 정책집행은 분리된 것이 아니라 서로 연결된 순환적 관계를 이루고 있었다. 그 결과 구체적인 아닌 추상적으로 만들어진 정책결정은 정책집행 동안에 많은 문제들을 발생하

---

13) McLaughlin(1976)은 정책집행과정을 상호 적응과정이라고 보고 있다.
14) Rein & Rabinovitz(1978: 322-329)는 집행과정의 특징으로서 순환성의 원리(principles of circularity)를 들고 있으며, Nakamura & Smallwood(1980: 19-27)는 정책과정의 순환성(circularity of policy process)이라는 표현을 사용하고 있다.

게 하였다. 예를 들면 정책대상 주민들, 중간매개인, 심지어 정책집행
자까지도 해석의 여지가 많은 정책에 관하여 불만족을 느꼈고 결국에
는 정책집행에 반발하게 되었다.

공공정책은 정책 혹은 정책결정 혼자서는 분명히 실행되지 않는다.
대법원이 공공정책에 관련된 분야에 관하여 결정을 내릴 수도 있고,
국회도 같은 분야를 제한할 법안을 통과시킬 수도 있다. 더군다나 대
통령도 그 분야에 관하여 정책결정 외에도 새로운 명령을 내릴 수도
있기 때문이다. 그래서 효과적인 정책집행 없이 공공정책은 성공적으
로 수행될 수가 없다(하규만, 2000: 10).

아무리 우수한 정책이라고 하더라도 집행이 제대로 되지 않는다면
정책을 형성한 사람들의 의도한 목적을 달성하기는 불가능하다. 따라
서 정책집행에 관한 연구는 행정학이나 정책학에 있어서 매우 중요한
부분이다(김문성, 1987; Edwards, 1984; Dulmus & Rapp-Paglicci,
2000). 이러한 배경에서 정정길(1989)은 정책집행이 중요한 이유로서
정책의도의 실현, 실질적인 정책내용의 구체적 결정, 국민생활과 직결
되는 정부의 활동 등을 들고 있다.

2. 정책집행연구의 전개과정[15]

1) 제1세대 집행연구

제1세대 집행연구는 한 지역이나 많은 지역에서 펼쳐지는 의사결정
을 수행하는 과정을 연구하였다. 즉, 정책이 어떻게 집행되는가를 묘사

---

[15] 정책집행연구는 시간순서에 따라 제1세대 집행연구, 제2세대 집행연구, 가
장 최근의 이론인 제3세대 집행연구로 구분할 수 있다. 정책집행의 학문적
흐름을 이해하는 데 유용한 논문으로는 O'Toole(1986), Lester, et
al.(1987), Martland(1995), 송병주(1993) 등을 들 수 있다.

하는 데 상당한 역점을 두었다(하규만, 2000: 12). 이러한 제1세대 집행연구의 대표적인 연구로는 Pressman & Wildavsky의 연구(1973)와 Smith의 연구(1973) 등을 들 수 있다. 대부분 사례연구의 형태로 이루어진 제1세대 집행연구는 정책집행의 복잡성, 정책하부구조, 조정과 협조의 어려움, 실질적 결과, 정책집행자를 괴롭히는 요소 등을 파악할 수 있게끔 도움을 주어 실제적인 정책집행과정에 대한 이해와 바람직한 정책집행을 위하여 정책결정자가 고려할 요인에 대한 이해를 크게 증진시켰다. 그러나 이론적 측면에서 제1세대 집행연구는 많은 문제점이 제기되었다.

제1세대 집행연구에서의 가장 심각한 이론적 문제점은 사례연구가 주종을 이룬 연구경향으로 인하여 연구결과의 학문적 축적이 제대로 이루어지지 않았으며, 따라서 개별 연구결과의 이론적 외적 타당성이 매우 낮다는 점이다. 그리고 실제 정책담당자들에게 줄 수 있는 조언이 때로는 지나치게 장황하거나, 때로는 개별 정책상황에서의 현실적 합성이 낮아 큰 도움을 주지 못한다는 것이다.[16] 개별 연구자가 합의된 이론적 틀 없이 각기 상이한 정책영역에서 정책집행의 실패 또는 성공사례의 원인을 설명하고자 연구가 이루어진 점을 감안할 때, 이러한 현상은 당연한 논리적 귀결이다(최종원, 1998: 174).

2) 제2세대 집행연구

제1세대 집행연구의 이론적 문제점에 대응하기 위하여 일부 학자들은 이론적 틀의 정립을 시도하였다. 이것이 제2세대 집행연구이다. 제2세대 집행연구는 크게 정책집행을 주어진 정책목표의 달성을 위한 수

---

16) O'Toole(1986)은 100여 개의 정책집행 관련 연구를 검토한 결과, 학자들이 제시하는 집행과정에 영향을 주는 주요 변수들이 약 300여 개나 된다고 조사하였다.

단적 행위로 파악하는 하향적 접근방법(top-down approach)과 집행을
다수의 참여자들 사이에서 발생하는 상호작용으로 이해하는 상향적 접
근방법(bottom-up approach) 두 가지로 구분된다. 이러한 제2세대 집
행연구는 정책, 조직, 조직구성원에 초점을 맞추면서 복잡한 정책집행
연구를 위한 분석틀을 개발하려고 시도했다. 따라서 거시적 시각인 제
1세대 집행연구와는 달리 미시적 분석에 의존했다. 또한 제2세대 집행
연구는 정책집행은 정책의 유형에 따라서 달라진다는 정책집행의 상황
론을 주장했다(하규만, 2000:12). 이하에서는 먼저 하향적 접근방법을
고찰한 뒤 상향적 접근방법을 살펴보고자 한다.

(1) 하향적 접근방법

기본적으로 정치·행정 이원론적인 시각을 갖는 하향적 접근방법은
정책결정과정에서 논의를 출발하며, 바람직한 집행은 정책결정의 내용
을 충실히 실현시키는 과정이라고 본다. 따라서 하향적 집행분석은 정
책이나 법령에 나타난 정책목표를 달성하는 데 영향을 주는 집행요인
들을 밝히고자 한다(최종원·백승빈, 2001: 169). 즉, 하향적 접근방법
에 있어서는 새로운 정책결정의 내용에 따라 집행관료 및 대상집단의
행태가 얼마나 변화하였는지의 정도가 집행성공 판단의 기준이 된다.

이러한 하향적 접근방법은 정책결정자의 입장에서 집행을 보는 시각
이며, 정책결정자의 정책의도가 충실히 집행되기 위하여 관심을 기울
여야 할 집행과정상의 요인을 정책결정자에게 제시해 주고자 한다. 즉,
하향적 접근방법의 주된 관심사항은 집행과정에 대한 자세한 기술
(description)이나 집행과정에서 나타난 문제점의 원인에 대한 인과론
적인 설명(explanation)보다는 바람직한 집행이 일어날 수 있는 규범적
처방(normative prescription)을 정책결정자에게 제시해 주는 데 있다.

따라서 하향적 접근방법은 정책집행에 영향을 미치는 요인에 관한
보다 분명하고도 가장 풍성한 연구결과를 제시하고 있다. 하향적 접근

방법의 대표적인 연구로는 Van Meter & Van Horn의 연구(1975), Edwards의 연구(1980), Larson의 연구(1980), Grindle의 연구(1980), 그리고 Sabatier & Mazmanian의 연구(1979), Mazmanian & Sabatier 의 연구(1981, 1989) 등을 들 수 있다.

하향적 접근방법은 정책결정권자가 정책집행과정에 가장 큰 영향력을 행사할 수 있다는 가정에서 논의를 출발하며, 목표와 수단 간의 연계성을 강조하는 합리적 의사결정모형의 연장선상에서 그 이론적 특징을 찾을 수 있다. 그러나 이러한 하향적 접근방법에 대하여 많은 비판이 제기되고 있다. 첫째, 하향적 접근론자인 Sabatier(1986: 29)도 인정하듯이 분명하고 일관된 정책목표의 설정은 다원적 민주체제하에서 불가능한 경우가 많다. 이해관계가 상반되는 많은 집단이 정책결정과정에 참여할 경우 다수의 지지를 얻기 위해서는 정책목표가 모호해질 수밖에 없으며, 법령의 내용도 대강의 요지만 제시하게 되어 집행자에게 명확한 지침을 주기 어렵게 된다. 둘째, 결정자만을 중요한 행위자로 보는 하향적 접근방법은 일선관료와 대상집단의 전략적 행동의 중요성을 과소평가한다. 이와 같은 시각은 후술하게 될 상향적 접근방법이다.

(2) 상향적 접근방법

하향적 접근방법은 집행과정에 가장 큰 영향력을 행사하는 요인으로서 정책의 원천에 가까이 있는 정책결정자의 능력이나 영향력, 그리고 이를 토대로 한 계층적 통제를 강조한다. 반면에 상향적 접근방법은 집행과정에 가장 큰 영향력을 행사하는 집단은 명목적인 통제만을 담당하는 정책결정권자가 아니라 정책문제 해결에 필요한 전문성과 지식을 가진 일선집행권자이므로 집행과정에 대한 정확한 이해는 일선 집행관료와 대상집단의 행태를 고찰하여야만 가능하다고 본다(최종원, 1998: 177). 즉, 상향적 정책집행연구는 일선관료와 대상집단의 집행환경, 유인구조, 그리고 그들의 행태 및 전략을 분석해야 한다고 본다.

또한 분명하고 일관된 정책목표의 존재가능성을 부인하고 정책목표 대신 집행문제 해결에 논의의 초점을 맞춘다. 그리고 실제의 정책결정은 일선집행권자의 집행과정에서 구체화되므로 정책결정과 정책집행 간 엄밀한 구분에 의문을 제기한다.

이러한 상향적 접근방법은 Berman(1978)의 정책결정과 집행의 상호 적응의 중요성에 관한 연구와 Lipsky(1976, 1978, 1980)의 일선관료의 집행행태연구가 그 이론적 기초가 되었다고 판단된다. 이와 더불어 상향적 접근방법의 대표적인 연구로는 Elmore의 연구(1979-1980), Hjern & Porter의 연구(1981), Hjern & Hull의 연구(1982, 1985), Hull & Hjern의 연구(1987) 등을 들 수 있다. 그러나 상향적 접근방법을 주장하는 학자들은 집행과정을 개관할 수 있는 일관된 모형이나 변수들을 체계적으로 제시하지 못하고 있을 뿐만 아니라 학자들마다 제시하는 요소들도 서로 차이가 난다. 즉, 상향적 접근방법에서는 하향적 접근방법에 비하여 아직 합의된 이론적 틀이 정립되어 있지 못하다고 판단된다.

상향적 접근방법은 실제적인 집행과정을 상세히 설명하고 집행과정의 인과관계를 설명할 수 있다는 측면에서 그 이론적 의의가 있다고 판단된다. 또한 공식적 정책목표의 달성에 논의의 초점을 두지 않으므로 정부 및 민간 프로그램의 의도하지 않은 효과를 분석할 수 있게 되며 집행관료와 대상집단 간의 전략적 상호 관계가 어떻게 형성되고 변화하는지를 알 수 있다(Sabatier, 1986: 33-34).

그러나 이러한 상향적 접근방법에 대해서도 많은 비판이 제기된다. 첫째, 일선집행관료의 영향력이 지나치게 강조되는 반면에 정책결정권자가 통제할 수 있는 집행의 거시적 틀, 예를 들어 집행의 제도적 구조, 집행자원의 배분, 집행에 관여할 수 있는 정책결정권자의 공식적 권한 등 일선집행관료의 행태에 간접적인 영향을 미치는 변수들의 중요성이 경시된다(Sabatier, 1986: 34-35). 둘째, 공식적 정책목표가 중요한 변수로 취급되지 않아 집행실적의 객관적 평가가 어려워진다. 즉,

상향적 접근론자들은 정책의 집행가능성에만 관심을 가져 정책프로그램의 유연성과 집행자의 자율성 및 재량을 강조하나 그것이 무엇을 위한 유연성이고 자율성인지가 불분명하다(Martland, 1995: 149-150). 상향적 접근론자들의 주장은 Majone & Wildavsky(1979: 181)가 언급하였듯이 "철도는 철도종업원에게, 광산은 광부에게"라는 슬로건을 내세우는 급진적 노동조합주의자들(syndicalists)과 같이 집행지상주의에 빠져 집행의 본래 목적인 공식적 정책목표의 실현이라는 기본명제가 도외시되기 쉽다. 셋째, 정책결정과 정책집행의 구분이 불필요하다는 주장은 선거직 공무원에 의한 정책결정이라는 민주주의의 기본가치에 위배된다(Sabatier, 1986: 31).

3) 제3세대 집행연구

1980년대 중반 이후 많은 학자들에 의해 하향적 접근방법과 상향적 접근방법의 상이한 이론적 구성을 통합할 수 있는 정책집행모형을 제시하려고 하였다. 이것이 제3세대 집행연구이다. 이들의 논의의 출발은 양 접근방법은 각기 집행현실의 부분적인 면만을 강조할 뿐 포괄적인 집행연구방법으로는 부족한 점이 많다고 인식하면서 각 접근방법의 변수들을 통합하여야만 집행과정에 대한 다양한 측면을 설명할 수 있다고 주장한다. 제3세대 집행연구의 대표적인 연구로는 Elmore의 연구(1985), Sabatier의 연구(1986), Lester, et al.의 연구(1987), Goggin, et al.의 연구(1990), Stoker의 연구(1987), Winter(1990)의 연구, Martland의 연구(1995) 등을 들 수 있다. 그러나 이들은 각자 자신의 모델을 진정한 통합모형이라고 주장하나, 대개의 경우 각자의 주관적 판단에 따라 양 접근방법의 일부 변수를 취사선택하여 이론을 구성하였으므로 부분적인 통합밖에는 이루지 못하였다고 판단된다.

통합모형의 기본적인 시각은 양 접근방법에서 제시하는 변수들을 하나의 이론적 틀에 종합하는 것이었는데, 바로 이러한 점에서 통합모형의 한계가 발견된다. 왜냐하면 대부분의 통합모형은 하향적 접근방법과 상향적 접근방법 변수들 간의 유기적인 연계성 없이 양 변수들을 단순하게 나열한 측면이 강하기 때문이다. 따라서 실제 집행연구에서 통합모형을 채택할 경우 이들을 모두 분석하기에는 지나치게 많은 연구자원이 소요된다는 문제점이 발생한다(최종원·백승빈, 2001: 174).

제3세대 집행연구는 시간, 장소, 정부단체에 따라서 정책집행이 어떻게 변화하는지를 조사하였다. 이러한 대상과 연구를 통하여 많은 개념과 방법적 어려움이 해소되었다. 이런 점에서 제3세대 집행연구는 제1세대 집행연구나 제2세대 집행연구보다 더 과학적[17]이라고 할 수 있다. 제1세대 집행연구나 제2세대 집행연구에서는 계량화된 방법들이 사용되지 않았던 반면에 제3세대 집행연구는 계량적 가설을 포함한 이론적 모델들이 사용되었다(하규만, 2000: 13). 그러나 제3세대 집행연구가 원하는 대로 연구를 하려면 상당한 노력이 뒤따라야 가능하다. 자료를 수집하고 이론을 구체화하는 데는 정교한 과학적 노력이 필요하다. 그런데 실질적으로 사회과학에서 어느 정도로 이러한 계량화가 가능한지 의구심이 든다. 사실 정책집행의 많은 변수들이 실제변수들에 가까운 대체물이다. 따라서 실제로 거의 불가능한 측정을 통하여 과연 어느 정도로 제3세대 집행연구가 실행될지는 미지수이다.

---

17) 제3세대 집행연구가 의미하는 과학적이라는 용어는 다음과 같은 세 가지를 의미한다. 첫째, 집행에서 사용되는 개념의 분명화이다. 개념이란 사용하는 사람마다 조금씩 다른 경향이 있기 때문에 이것을 과학적으로 명확히 함으로써 사용에 따른 혼란을 방지하고자 하였다. 둘째, 정책집행의 다양한 경로를 추상적이기보다는 구체적으로 표시하는 것을 말한다. 셋째, 정책집행에 사용된 개념, 경로, 기타 모델을 검증할 목적으로 변수의 계량적 측정을 강조하였다(오석홍, 1993: 530-531).

3. 성공적인 정책집행의 판단기준

정책집행에 영향을 미치는 요인이 무엇인지를 파악하기 위해서는 먼저 성공적인 정책집행이 무엇을 의미하는지를 알아야 할 것이다. 대개의 경우 정책이 설정한 목표의 달성여부를 나타내는 효과성을 중심으로, 즉 효과적인 정책집행을 성공적인 정책집행으로 파악하기도 하나 (Mazmanian & Sabatier, 1981: 132) 학자들 간에 무엇을 성공적인 정책집행으로 볼 것인가에 대한 일치된 견해는 찾아보기 어려운 실정이다. 이는 정책집행에 영향을 미치는 요인들이 매우 복잡하고, 나타나는 결과도 다양할 뿐만 아니라 성공적이라는 용어 자체가 가치판단적인 요소를 많이 내포하고 있기 때문이다.

결국 성공적인 정책집행을 어떻게 판단할 것인가는 가치판단적인 요소 등으로 인해 연구자에 따라서 상이하고 다양한 판단기준을 설정하여 정책집행의 성공여부를 판단할 수밖에 없는 것이다. 따라서 이하에서는 먼저 성공적인 정책집행의 판단기준에 관한 여러 학자들의 견해를 살펴본 후 본 연구에 적용가능한 판단기준을 제시하고자 한다.

Nakamura & Smallwood(1980: 145-149)는 정책집행의 성공여부를 판단하는 기준으로 다섯 가지를 제시하고 있다. 첫째, 목표달성도 (Policy Goal Attainment)이다. 이는 가장 널리 쓰이는 접근방법으로 정책지침에 명시된 목표를 달성하기 위한 가시적 결과를 측정하는 방법이다. 둘째, 능률성(Efficiency)이다. 목표달성도가 결과의 산출물을 강조하는 것이라면 능률성은 비용과 관련하여 성과의 질을 평가하려는 시도이다. 여기서의 능률은 경제성(economy)과 비슷한 개념으로 사용하기 때문에 효과(effect)보다는 산출물(output) 생산에 투입된 비용이 적을수록 능률적인 것이 된다. 셋째, 선거구민의 만족도(Constituency Satisfaction)이다. 이는 특정한 산출물이나 능률적인 성과달성과 같은 수량적인 지표가 아닌 외부집단의 만족의 정도를 측정하는 것이다. 따라서 주관적이고 질적인 환류 점검이 강조되는데, 궁극적인 성공의 측정수단은 정책결정자가 그들이 제안한 정책에 대하여 주민의 광범위한 지지기반을 계속 유지할 수 있는가하는 것에 있게 된다. 넷째, 고객 대응성(Clientele Responsiveness)이다. 이는 정책의 수혜를 입는 특정집단에 초점을 맞추고 이들 정책이 고객의 욕구에 어떻게 대응하는가를 살펴보는 것이다. 다섯째, 체제 유지(System Maintenance)이다. 이는 정치체제가 생명력을 지닌 실체로서 계속 존재할 수 있도록 사회제도를 유지하는 데 얼마나 효과가 있었느냐를 측정하는 것이다.

정정길(1989: 496-509)은 성공적인 정책집행의 판단기준은 어떤 단일 기준에 의하여 판단하는 것이 아니라 몇 가지 기준에 의하여 판단하는 것이 일반적이라고 하면서 이러한 기준을 크게 실질적 · 내용적 기준과 주체적 · 절차적 기준으로 나누고 있다. 먼저 실질적 · 내용적 기준은 집행의 성공여부를 특정한 입장을 지닌 주체와는 관계없이 실질상 또는 내용상의 것을 국가 · 사회전체의 입장에서 판단하는 것으로서 그 세부기준으로 효과성과 능률성을 제시하고 있다. 그러나 효과성과 능률성이라는 기준은 정책목표가 명확하게 설정되어 있는 경우에 적용될 수 있는 기준으로서 정책목표가 애매모호하거나 상호 모순 · 갈등하게 되는 경우에는 적용이 어렵다. 이런 경우에는 집행과정에서 실질적인 결정이 일어나게 되는데, 이러한 결정과정은 바람직스러워야 한다. 즉, 실질적 정책결정과정의 소망성을 기준으로 판단해야 한다는 것이다. 다음 주체적 · 절차적 기준은 특정한 집행절차에 관련하여 정책관련자들이 주관적인 입장에서 정책집행의 성공여부를 판단하는 것으로서 그 세부기준은 첫째, 정책의도의 실현이다. 이는 정책의 내용을 충실하게 실현하는 것을 성공적 집행으로 보는 것이다. 목표달성도, 능률적인 문제해결, 공평성 등 정책이 포함하고 있는 요소들의 충실한 실현을 의미하는 기준이다. 둘째, 관료적 합리성이다. 이는 집행주체인 관료들이 집행의 성공여부를 주관적으로 판단하는 기준을 의미한다.

집행관료들은 집행이 도덕적으로 볼 때 정당하고, 행정적으로 볼 때 실현가능성이 있으며, 지적으로 볼 때 누구에게든지 합리적이라고 주장할 수 있게 되면 그 집행은 성공적이라고 본다는 것이다. 셋째, 집행 관련집단의 요구충족여부이다. 이는 정책에 의하여 영향을 받는 정책대상집단이나 집행에 관련된 기타 민간집단들이 집행과정에서 요구하는 바를 충실히 집행과정에 반영한 정도를 성공적 집행의 기준으로 보는 것이다.

Ripley & Franklin(1982: 116-127)과 유훈(1990: 301-303)은 성공적인 정책집행을 설정된 정책목표를 예정된 기간을 크게 초과하지 않으면서 큰 논란 없이 달성한 경우를 의미하는 것으로 보고 성공적인 정책집행의 판단기준으로 목표달성도, 소요되는 시간, 원활성 세 가지를 제시하였다.

김명수(1989: 3-15)는 정책집행이 성공적이거나 실패했다는 것은 정책이 추구하는 목표를 능률적으로 달성할 수 있도록 정책에 담겨진 내용을 충실하게 그리고 바람직한 방향으로 필요한 집행활동을 수행해 나갔다거나 그렇지 못했다는 것을 의미하는 것으로서, 이러한 개념정의는 성공적인 정책집행의 판단기준과 밀접하게 관련되어 있다고 하면서 그 기준을 정책집행의 결과와 관련된 기준, 정책집행과정과 관련된 기준 두 가지로 분류하고 있다. 정책집행의 결과와 관련된 기준으로 효과성과 외적 능률성을, 정책집행과정과 관련된 기준으로 순응, 민주성, 공정성, 내적 능률성을 제시하고 있다.

Winter(1990: 21-23)는 정책집행의 성과를 평가하는 기준으로 과정(process), 정책산출물(output), 그리고 결과(outcome)와 사회에 미친 영향 또는 변화(impact or change in society) 세 가지를 제시하였다. 이러한 세 가지 평가기준들은 공식적 목표와 비교하거나, 집행과정에 참여하는 다양한 이해관계를 얼마나 충족시켰는가를 고려하거나, 정책집행구조가 사회문제 해결에 공헌한 정도와 비교함으로써 정책집행의 성공여부를 평가할 수 있다고 보았다.

　이상과 같이 여러 학자들의 다양한 논의들을 검토해 본 결과 집행현상 자체가 복잡하기 때문에, 즉 어떠한 기준이 우선되어야 하는가는 상황에 따라 달라질 수밖에 없기 때문에 성공적 집행에 관한 단순하고 절대적인 기준은 없는 것 같다. 결국 성공적인 정책집행의 판단기준은 행정의 판단기준인 행정이념 속에 포함된다고 할 수 있으며, 또한 효과성과 능률성을 공통적으로 제시하고 있는 것과 같이 정책의 성공적 집행을 좌우하는 요인은 효과성과 능률성이라는 결과와 관련된 실체적 요인뿐만 아니라 정책집행주체나 대상집단과 관련된 절차적 요인 모두를 내포하고 있는 것이다.

　그러나 행정정보공개제도에 있어서는 정보공개라는 정책목표가 분명하고 비용의 문제가 크게 고려되지 않는 점을 감안할 때 정책비용의 최소화를 지향하는 능률성의 개념을 적용시키기에는 부적절하다고 판단된다. 따라서 본 연구에서는 목표의 달성도를 의미하는 효과성을 성공적인 정책집행의 판단기준으로 이해하고자 한다.

　본 연구에서 성공적인 정책집행의 판단기준으로 정책의 효과성을 중시하는 이유는 정책집행의 목적이 정책이 추구하는 바를 달성하는 데 있기 때문이다. 그러나 정책의 효과성이 정책집행과정에 의해서만 적용되는 것은 아니라는 점에 유의할 필요가 있다. 왜냐하면 정책의 효과성은 정책설계, 즉 정책의 내용의 의해서도 좌우되기 때문이다. 즉 정책의 효과성은 정책 자체의 내용과 정책집행에 의해 좌우된다는 것을 뜻한다.[18]

---

18) 잘못 구성된 정책은 아무리 잘 집행한다고 하더라도, 또 아무리 좋은 정책이라 하더라도 제대로 집행되지 않고서는, 그것이 추구하는 목표가 전체적으로 달성될 수 없을 것이기 때문이다(Van Horn & Van Meter, 1976: 46).

4. 정책집행요인에 관한 선행연구

정책집행의 성공여부에 관한 판단은 집행과정에 영향을 미치는 요인들을 확인하고 이들 간의 상호작용에 대한 정확한 이해가 중요하다. 그동안 정책집행의 영향요인에 관한 이론적·실증적 연구가 많이 이루어져 왔으며 집행에 영향을 미치는 요인들도 다양하게 제시되었다. 따라서 이를 일률적으로 정리할 수 있는 틀이나 일관된 모형은 연구자의 입장이나 시각에 따라 다양하게 나타날 수밖에 없을 뿐만 아니라 연구결과들이 연구자들 상호간에 서로 이용되지도 않아서 연구성과가 체계적으로 축적되지도 못하고 있다. 따라서 본 연구에서는 많은 학자들의 다양한 요인들을 모두 나열하기보다는 대표적인 연구들을 중심으로 집행요인들을 정리하고자 한다.

Pressman & Wildavsky가 정리한 집행에 영향을 미치는 요인들은 다음과 같다(Pressman & Wildavsky, 1973: 143-147). 첫째, 집행은 정책설계와 결코 분리되어서는 안 되며 또 정책설계 이후에 일어나는 과정으로 생각해서도 안 된다. 집행상의 어려움을 미리 예상하면서 정책을 설계해야 하며, 집행을 정책이 결정된 이후에 나타나는 단순한 기술적인 문제로만 보아서는 안 된다. 둘째, 의사결정점과 협의점(decision points and clearence points)이 추가될 때마다 사업이 지연되거나 중단되므로 이것의 수를 가능하면 최소한으로 줄여야 하며 또 사업집행을 위한 조직의 신설에도 관심을 기울여야 한다. 셋째, 사업실시과정에서 잘못된 하위정책목표를 추구하는 등의 이론적인 결함이 드러났다. 넷째, 핵심활동가가 사임하는 등의 리더쉽의 일관성이 결여되어 있었다. 다섯째, 정책이 가급적 단순해야 집행될 가능성이 높아진다. 그러나 사례연구에 치중한 결과 이들이 제시하는 영향요인들은 각각 상이한 개별사례에서 발견되었던 내용들을 단순히 나열한 것에 지나지 않는 것으로서 그 내용들이 체계적으로 정리되지도 않았을 뿐만 아니

64

라 일부분의 요인들만 제시하고 있어서 요인들 간의 인과적인 관계를 파악할 수 없는 약점이 있다.

후진국의 집행과정이 갖는 특징에 초점을 둔 Smith는 하나의 연역적인 집행모형을 제시하고 있다(Smith, 1973: 197-209). 즉, 선진국과 달리 후진국의 경우에는 형성된 정책이 자동적으로 집행되지 않는 데 그것은 정책집행과정의 네 가지 구성요소들 간에 일어나는 괴리와 긴장으로 인해 발생한다. 이러한 긴장으로 말미암아 집행상의 파행성[19] 이 일어나므로 정책결정자들은 이런 네 가지의 요인들에 관심을 기울임으로써 긴장을 최소화하고 집행을 원활히 할 수 있게 된다는 것이다. Smith는 집행상의 네 가지 구성요소, 즉 정책집행에 영향을 미치는 요인으로서 첫째, 이상화된 정책(정책이 나타나는 형식, 정책의 유형, 사업에 관한 지지와 필요성의 정도, 정책의 이미지), 둘째, 대상집단(조직화·제도화의 정도, 리더쉽, 과거의 정책경험), 셋째, 집행조직(구조와 인적자원, 조직의 리더쉽, 집행사업과 수행능력), 넷째, 환경적 요인(정치, 경제, 사회, 문화적 제약요인)을 들고 있다. Smith는 이러한 집행영향요인들을 제시할 뿐만 아니라 이들 간의 인과관계를 밝히기 위한 모형도 제시하고 있다. 그러나 그 모형도 기본적으로는 단일방향적이고 계층적인 집행관을 벗어나지 못하는 한계가 있다.

하향적 접근방법의 대표적 연구자인 Mazmanian & Sabatier(1981)는 기존의 정책집행연구를 검토한 후 아직까지 정책집행에 관한 체계적인 연구를 위한 합의된 분석틀이 나타나지 않고, 적절한 분석변수의 선정에 있어서도 산발적이었으며, 집행과정의 일부의 국면에만 집착한 나머지 광범위한 일반화의 노력이 부족하였다고 지적하고 하나의 일반적 분석틀을 제시하였다. 이 모형이 갖는 특징은 첫째, 개인행태와 그

---

19) Smith는 후진국에서의 파행적 정책집행은 정당, 이익집단 등의 정책결정과정에의 참여봉쇄가 많고, 선진국에 비해 급진적 정책이 많으며, 관료들의 집행능력 결여가 그 특징이라고 보고 있다.

것을 둘러싸고 있는 정치경제법적 상황 간의 연계에 대한 이론정립 및 경험적 연구가 요구된다고 보고 있으며, 둘째, 정책집행과정에서의 법적 변수에 초점을 두고 있고, 셋째, 정책집행을 용이하게 하는 요인을 강조하고, 넷째, 규제적 성격의 정책에 관한 집행에 강조점을 두고, 다섯째, 보다 용이하게 현실에 적용할 수 있는 이론의 개발이라는 점 등이다.

이러한 특징을 지니고 있는 그들의 분석틀에 의하면 집행이란 법을 수행하는 과정이며, 따라서 집행분석은 법적 목적의 달성에 영향을 주는 요인들을 확인하는 것이다. 이러한 요인들은 집행과정의 각 단계에 영향을 주는 독립변수로서 크게 세 가지로 분류될 수 있다. 첫째, 문제처리의 용이성으로서 여기에는 타당한 기술적 이론과 기술의 이용가능성, 대상집단의 행태의 다양성, 전체 인구에 대한 대상집단의 비율, 요구되는 행태변화의 정도와 같은 네 가지 요소들이 포함된다. 둘째, 집행에 대한 법규의 구조화 능력으로서 여기에는 명확하고 일관성 있는 목표, 적절한 인과이론의 적용, 재정적 자원, 집행기관들 간의 계층적 통합, 집행기관의 의사결정규칙, 집행담당자의 충원, 외부인사의 공식적 참여와 같은 7가지 요소들이 포함된다. 셋째, 집행에 영향을 미치는 비법규적 변수로서 여기에는 사회·경제적 조건과 기술, 문제에 대한 대중매체의 관심, 대중의지지, 이익집단의 태도와 자원, 정책결정자의 지지, 집행담당자의 적극성과 리더쉽과 같은 6가지 요소들이 포함된다.

그리고 이후 Sabatier(1986: 23-25)는 효과적인 정책집행을 위한 필요충분조건[20]으로서 첫째, 분명하고 일관된 정책목표, 둘째, 타당성 있는 인과이론[21]과 정책수단의 존재, 셋째, 정책집행자와 정책대상집단의

---

20) Sabatier & Mazmanian(1979: 481-504)는 효과적인 정책집행을 위해 갖추어야 할 이상적인 조건으로서 적절한 인과이론, 분명하고 일관된 정책목표, 유능하고 헌신적인 집행관료, 이해관련집단이나 정책결정자의 지지, 목표 간 우선순위의 안정성 등을 들 고 있다.

21) 인과이론이란 정책의 내용에 관한 사항으로서 만약 정책에 인과이론이 없

순응 확보를 위한 수단의 존재, 넷째, 의욕적이고 능력 있는 집행관료의 확보, 다섯째, 이해관련집단과 정책결정자의 지지, 여섯째, 정치적 지지나 인과이론을 해치지 않을 정도의 사회경제적 조건의 변화 등 6가지를 제시하고 있다.

Van Meter & Van Horn(1975)은 기존의 정책연구가 정책결정과정과 정책대상집단이나 대상문제에 대해 미치는 영향과 효과에 관해서는 많은 관심을 나타냈으나, 공공정책이 실제의 서비스나 규제 등의 형태로 전환되는 과정, 즉 정책과 성과 간의 관계에 대한 연구는 불충분했다고 비판하면서 그들은 정책이 성과로 전환되는 과정을 정책집행이라고 보고 정책집행을 탐구하기 위한 모형을 제시하고 있다. 즉, 그들은 정책집행의 이론적 틀을 마련하기 위해 정치학·행정학·사회학·사회심리학 등 사회과학 분야의 여러 문헌을 검토한 후 조직론적 관점에 입각하여 집행단계에서의 행태에 영향을 미치는 심리적 요인을 중심으로 체계적인 정책집행연구를 위한 이론적 틀을 작성하였다.

이들의 모형은 종속변수로 볼 수 있는 최종성과와의 관계를 나타내줄 뿐만 아니라 독립변수 상호간의 관계를 밝혀주고 있다. 즉, 이들은 정책집행의 변수로서 정책기준과 목표, 자원을 들고 있으며, 연계변수로서 조직 간 의사소통과 추진활동, 집행기관의 성격, 정치·경제·사회적 상황, 집행자의 성향을 들고, 종속변수로서 성과를 들고 있다.

상향적 접근방법의 대표적 연구자인 Elmore(1979-1980: 601-616)는 하향적 접근방법을 전향적 접근(forward mapping)이라고 하면서 이와 대비되는 상향적 접근방법을 후향적 접근방법(backward mapping)이라고 하였다. 그는 정책집행에 영향을 미치는 변수로서 일선관료가 갖

다면 아무리 충실히 정책이 집행되어 집행의 산출물(output)이 나오더라도 정책목표가 지향하는 결과(outcome)를 기대할 수 없게 된다. 학자에 따라서는 이 인과이론을 기술적 타당성(technical feasibility) 또는 정책디자인(policy design)의 타당성 등의 용어로 표현하기도 한다(최종원, 1998: 201).

는 지식과 문제해결능력, 정책과 관련한 유인체계, 집행과정의 다양한 수준에서 작용하는 정치행위자들 간의 협상관계, 재량적인 선택활동에 영향을 주는 재원의 전략적 이용 등을 들고 있다.

Winter(1990)는 종합적인 입장에서 집행에 영향을 미치는 주요 변수를 확인하고 이 변수들이 어떻게 하나의 모형에 통합될 수 있는가를 제시함으로써 집행의 결과를 설명할 수 있는 모형을 제시하려고 하였다. 이 모형은 정책결정과정과 정책집행과정 두 부분으로 나눈 뒤 먼저 정책결정과정의 특징인 갈등, 상징성, 인과이론, 지지와 관심 등이 정책집행과정에 영향을 미친다고 보았다. 그리고 정책집행과정에서는 조직 내 집행행태와 조직 간 집행행태, 일선관료의 행태, 대상집단의 행태 및 사회경제적 조건의 변화 등이 집행결과인 정책산출과 정책결과에 영향을 미친다고 하였다.

또한 그는 합리모형, 갈등-타협모형, 쓰레기통모형 등 세 가지의 의사결정모형에 근거하여 각각의 모형별로 정책결정과정에서의 특징적 측면들이 어떻게 집행의 성공과 실패에 영향을 줄 것인가에 대해 다음과 같은 가설을 제시하였다. 첫째, 합리모형의 이론적 논의에 기초하여 정책결정과정에서 정책목표가 불분명하게 설정되고, 모든 선택가능한 대안의 탐색 및 그 대안의 결과에 대한 예측이 불분명하게 이루어지면 집행실패가 일어날 가능성이 높아진다. 둘째, 갈등-타협모형에 따르면, 정책결정과정에서 참여자들 간에 갈등이 높으면 정책목표가 서로 상충되는 내용을 갖게 되거나 갈등의 타협을 위하여 정책목표가 모호하게 설정될 가능성이 높아지고, 이러한 요인들이 집행실패를 야기시킨다. 셋째, 정책결정과정이 쓰레기통모형에 의하여 이루어질 경우 집행실패의 가능성이 커진다. 즉, 정책결정이 상징적 행위의 차원에서 이루어지거나 정책결정자의 관심이 부족한 상태에서 결정되면 집행단계에서 지연과 왜곡이 일어날 가능성이 커진다.

정책집행에 관한 연구는 주로 관료제에 관한 연구라고 주장하는

Edwards(1980)는 집행에 영향을 미치는 요인으로서 주로 정책집행 담당조직의 내부구조와 관련된 요인을 들고 있다. 그는 집행에 영향을 미치는 변수로 첫째, 의사전달로서 적절한 전달과 목표의 명확성, 그리고 일관성을 확보하는 것이 중요하다고 설명했고, 둘째, 자원으로서 인적자원, 정보, 권위, 시설 등을 그 요소라고 설명했고, 셋째, 정책집행자의 성향으로 유인의 중요성을 강조하고, 넷째, 관료적 구조로서 표준운영절차의 사용과 조직 간의 책임분담을 들고 있다. Grindle(1980: 3-34)은 제3세계의 정책집행사례연구를 통해 정책집행에 영향을 주는 요인을 정책의 내용과 집행의 맥락으로 구분하면서 정책의 내용으로서 영향받는 이익, 수혜의 형태, 계획된 변화의 범위, 의사결정의 장소, 사업집행자, 주어진 자원 등을 들고, 집행의 맥락으로서 관련자들의 권력·이익·전략, 제도와 정치체제의 특성, 순응과 대응성 등을 들고 있다.

또한 Nakamura & Smallwood(1980: 44-66)는 정책집행을 좌우하는 요인으로서 첫째, 참여자로서 정책결정자, 공식적 집행자, 중간관리자, Robby와 관련 집단, 수혜자, 대중매체, 평가자가 있고, 둘째, 조직구조와 관료적 규범으로서 내부절차(통신, 행정거리, 복잡성), 자원(시간, 인적자원, 물적자원, 권력), 셋째, 심리적 동기와 관료적 규범이 있으며, 넷째, 통신망과 복종체제를 들고 있다. Kaufman(1973: 2)은 정책집행에서 발생하는 문제의 근원을 의사전달, 능력, 정책집행자의 부정적 태도 등과 같이 집행장의 성향에 집중하여 분석하였다.

Sharkansky(1978: 304-305)는 집행의 변수로서 의사전달, 자원, 집행자의 성향, 표준운영절차, 계속적 관여 등을 들고 있는 데 주로 조직 내부적 요인에 치중하고 있다. Rein & Rabinovitz(1978: 332-333)는 정책집행에 영향을 미치는 요인으로서 법률, 합리적 관료제 규범, 각 이해집단의 합의로 보고, 이들 간의 갈등을 어떻게 해결하느냐에 따라 집행의 성공여부가 결정되는데, 이러한 갈등의 해결은 정책목표의 명료성, 일관성과 자원의 종류, 수준, 시기, 그리고 집행절차의 복잡성 등과 밀접한 관련이 있다는 것이다.

Wolman(1981: 433-464)은 정책프로그램의 성과를 설명하거나 이해할 수 있는 포괄적인 분석틀을 제시하는데, 이 모형은 정책형성과정과 정책집행과정의 두 부분으로 나눌 수 있다. 정책의 실패는 이와 같은 두 부분 가운데 어느 한 부분(또는 두 부분)을 구성하는 여러 요인들 가운데 한 가지 이상의 요인들이 부적절하거나, 문제점을 띠는 경우에 나타난다. 이들 부분을 구성하는 요인들을 간단히 살펴보면 다음과 같다. 먼저 정책형성과정에서는 문제의 개념화, 이론평가 및 선정, 목표의 구체성, 프로그램 설계, 프로그램 구조 등을 구성요소로서 제시하고 있다. 다음 정책집행과정에서는 자원의 적절성, 관리 및 통제구조, 관료제적 규칙 및 규제, 정치적 효과성, 환류 및 평가 등을 구성요소로서 제시하고 있다. Larson(1980: 2-7)도 정책집행에 영향을 미치는 요인을 정책실패요인이라는 관점에서 고찰하고 이에 대한 대응책과 시정방안까지도 제시하고 있으나 요인상호간의 관계에 대한 고찰은 하지 않고 있다. 정책실패요인으로서 모호하거나 비현실적인 목표, 집행절차의 결함, 정부 간 활동의 복잡성, 경제적 환경 등을 제시하고 있다. 그리고 정책실패에 대한 대책으로서 새로운 지침과 규정, 부분적 조직개편, 신규입법 및 개정, 정책의 종결 등을 제시하고 있다.

민진(1985: 248-261)은 정책실패는 완전한 실패와 함께 부분적 실패도 포함하는 것이므로, 정책목표를 성공적으로 달성하지 못했을 때나 정책이 위축되거나 축소될 때 정책이 실패했다고 볼 수 있다. 따라서 정책실패의 원인은 정책집행에 영향을 미치는 요인이나 정책집행과정에서 고려해야 할 요소 혹은 정책의 성공적 집행조건 등에서 추론될 수 있을 것이다. 그는 정책의 구성요소별로 정책결정과정과 정책집행과정으로 구분하여 정책실패의 원인을 정책목표, 정책수단, 정책주관기관, 정책대상집단, 정책환경 등으로 제시하고 있다. 유훈(1983: 97-117)은 정책집행에 영향을 미치는 요인을 정책문제의 성격, 정책형성과 관련된 요인, 기타 환경적 요인 등을 들고 있으며, 황인정(1973: 20)은 조직의 구조와 통제, 설정된 목적과 목표, 자원, 관리기술리더쉽 및 환경 등을 들고 있다.

김문성(1987: 401-407)은 종속변수인 집행효율성에 영향을 주는 변수로서 관료제적 합리성, 집행자의 특성, 집행가능성, 집행환경 등을 들고 있으며, 김행범(1995, 1441-1462)은 성공적 정책집행에 영향을 주는 요인에 대하여 각 사례연구들은 상이한 변수 및 분석틀 속에서 복잡하게 제시하고 있다고 지적하면서 정책의 내용과 자원, 정책결정자 및 정책관련집단의지, 집행조직(집행주체), 환경적 요인, 기타(국가능력) 등을 제시하고 있다. 곽효문(1995)은 정책실패의 요인을 인간적 요인, 구조적 요인, 환경적 요인으로 정리하고 있다.

백완기(1993: 290)는 생산적이고 동적인 집행과정이 되기 위해서는 여러 가지 요소들이 동원되어야 한다고 보는바, 리더쉽을 중심으로 한 조정통합력, 조직구성원의 자격·능력 및 가치관, 적절한 분업체계, 관리정향적인 철학, 목적의 정확한 해석과 세분화 과정, 업무스케줄의 작성, 조직목표의 내면화, 조직구성원의 사기진작, 원활한 커뮤니케이션의 확보 등 많은 요소들이 제대로 작동할 때에 효율적인 집행과정이 나타난다고 보았다. 안해균(1995: 450-466)은 크게 체제내부적 요인과 체제외부적 요인으로 나누고, 체제내부요인으로 정책목표, 자원, 내외부 조직구조, 집행담당자, 집행절차 등을, 체제외부요인으로 정책집행과 관련된 문제 및 집단의 특성, 사회·경제적 여건, 문화적 특성, 대중매체의 관심과 여론의 지지, 정책결정기관의 지지 등을 성공적인 정책집행을 위해 고려해야 할 요인들이라고 설명하고 있다.

정정길(1989: 521-595)은 정책집행을 좌우하는 요인으로 정책내용의 명확성과 일관성 및 소망성, 정책집행수단 및 자원의 확보, 정책의 중요성과 행태변화의 정도, 정책결정자의 지지 및 태도, 대중 및 매스컴의 지지, 정책대상집단의 태도와 정치력, 정책유형, 집행주체의 능력과

의욕, 집행조직의 관료규범과 집행절차, 집행체제의 특성과 중간매개집단, 정책집행상의 순응 등을 들고 있다. 노시평·박희서·박영미(1999)는 정책집행의 성패에 영향을 미치는 요인들을 성질별로 정책결정자 및 관련 집단과 관련된 요인, 프로그램 설계와 관련된 요인, 집행주체의 능력과 관련된 요인, 정책대상집단과 관련된 요인 등 네 가지로 묶어 분류하고 있으며, 노화준(1998)은 정책의 내용과 관련된 요인, 정책문제의 성격과 관련된 요인, 집행환경 및 맥락과 관련된 요인, 집행과정과 관련된 요인, 정책대상집단과 관련된 요인 등으로 대별하고 있다.

장태옥(2000)은 정책집행에 영향을 미치는 요인으로 첫째, 정책결정내용의 명확성과 구체성, 정책의 실행가능성, 실현방법의 경고성, 둘째, 정책문제의 탄력성과 비복잡성, 집행대상규모의 간소성, 셋째, 정치체제의 지지, 이해당사자의 관심, 여론의 지원 등의 외적인 환경변수, 넷째, 투입자원의 충분성, 다섯째, 관료제의 병리와 쇄신, 기관장의 지도력, 집행기관 간의 협력, 집행기관의 유인책의 실효성, 정책관리기술의 현대화, 정책변화에 상응한 조직의 혁신 등을 들고 있으며, 이에 대응하는 접근방법으로 구조적 접근, 과정 및 관리적 접근, 행태론적 접근, 그리고 정치적 접근 등을 들고 있다.

제3절 한국의 행정정보공개제도

1. 행정정보공개제도의 도입배경

세계의 정보사회 동향에 발맞추기 위하여 한국은 1980년대부터 학계에서 행정정보공개제도에 대한 필요성이 꾸준히 제기되어 오다가[22]

1990년대에 들어서면서 본격적인 정부차원의 논의가 시작되었다. 특히 1992년 말 제14대 대통령 선거에서 각 당 후보들이 모두 공식적으로 정보공개법 제정을 공약으로 내세우면서 정보공개법 제정논의가 본격화되었다고 할 수 있다.

1993년 1월 정부는 정부공문서 분류체계의 정비(10진분류체계로 개편)를 통하여 정보공개법의 시행기반을 조성하고, 2월에는 한국행정연구원에 의뢰하여 정보공개제도 도입방향 및 그 모형을 도출하였다. 1993년 9월 3일에는 대통령직속 자문기구인 행정쇄신위원회에서 행정정보의 공개와 주민참여의 확대를 위해 행정민주화의 三法인 행정정보공개법, 행정절차법, 개인정보보호법을 단계적으로 제정키로 하였으며, 행정정보공개법은 1995년 중 국회에서 처리하기로 하였다. 그리고 1994년 3월 2일 국무총리훈령 제288호로서 "행정정보공개운영지침"을 제정·시달하여 정보공개에 필요한 기반 구축 및 공개처리기준을 마련하고 동년 7월 1일부터 시행하였다.

정부는 "행정정보공개운영지침"을 제정하면서 행정정보의 공개가 "국민의 알권리를 보장하는 한편 국정운영에 대한 참여와 감시·비판을 통하여 투명한 공개행정체제를 구축하고 행정의 신뢰성을 제고시킨다는 점에서 중요한 의미를 가진 것"임을 천명하고 행정정보공개를 법적으로 제도화하기 위하여 입법을 추진 중에 있다고 밝힌 바 있었다. 이에 따라 정부는 1994년 7월 학계·언론계·법조계 등 관계전문가 10인으로 정보공개법 심의위원회를 구성하여 1994년 7월 21일부터 1995

---

22) 그동안 정보공개법이 제정되지 않은 상황하에서, 독립된 단일한 법률은 없었으나 정보공개제도의 일환으로 간주될 수 있는 조항들이 산발적으로 규정되어 있었다. 예를 들면 헌법(제27조, 제50조, 제109조), 군사기밀보호법(제4조), 지방자치법(제57조, 제64조), 국세징수법(제73), 법원조직법(제57조), 국회법(제82조), 행정심판법(제28조, 제42조 2항), 호적법(제12조, 제47조, 제132조), 주민등록법(제18조), 환경보호법(제6조), 지방세법(제234조), 구획정리법(제33조 1항), 도시계획법(제10조 2항), 국가공무원법(제36조), 지방공무원법(제38조) 등이다.

년 9월 15일까지 2년 동안 13차에 걸친 회의를 통하여 법안을 심의하였고, 1994년 12월에는 세종문화회관 대회의실에서 공청회를 개최하였다. 그 외에도 1994년 10월과 1995년 9월의 당정협의, 1995년 2-5월의 관계부처 및 관련기관(외무부, 통일원, 국회사무처, 법원행정처, 헌법재판소, 중앙선거관리위원회 등) 간 협의가 있었으며, 1995년 7월 20일 "정보공개법제정(안)"을 입법예고[23]하여 동년 8월 19일까지 의견수렴 기간을 두었다. 정보공개법의 제정과 관련하여 학계, 사회단체, 야당 등의 정보공개법안으로서 공법학회의 정보공개법안(1989. 12), 한국행정연구원의 행정정보공개법안(1992. 12), 경제정의실천시민연합의 정보공개법안(1993. 7), 민주당의 정보공개법안(1994. 7) 등이 있다.[24]

1995년 9월 16일, 입법예고된 정보공개법안을 법제처에 심사의뢰하고, 법제처의 심의안을 10월 26일, 11월 2일 차관회의에 상정하였으나 부처간의 이견으로 제2차 차관회의에서 유보되었다. 그 후 정보공개법의 제정을 재추진하면서 입법예고된 정보공개법(안)을 대폭 수정하고 법률안의 이름도 "공공기관의 정보공개에 관한 법률안"으로 하여 1996년 8월 13일 국무회의에서 의결하였고 동년 8월 22일 정부안으로 국회에 제출하였다. 정부가 제안한 이 법안은 제181회 정기국회에 상정되었다. 1996년 11월 27일 제8차 행정위원회에서 제안설명, 검토보고, 대체토론을 거쳐 법률안심사소위원회에 회부하였고, 동년 11월 29일 제9차 행정위원회에서 법률안심사소위원회의 보고를 거쳐 의결하였다. 동년 11월 30일 동 법안은 국회 본회의에서 의결·통과되었다. 정부는 국회를 통과한 동 법안을 1996년 12월 31일 "공공기관의 정보공개에 관한 법률"(법률 제5,242호)로서 공포하였다. 이와 같이 어렵게 통과된 정보공개법은 제정 이후에도 1년의 준비기간이 필요하다는 판단에 따

---

23) 관보 제13067호 1995. 7. 20.
24) 이들 법안의 사항별 비교에 대하여는 한국법제연구원, 『정보공개법의 제정 방향』, 국내입법의견조사 94-6, 1994, pp.56-71참조.

라 1997년 10월 21일에 동법 시행령을, 동년 11월 11일에 동법 시행규칙을 각각 마련하는 등 1997년 1년간의 유예기간을 거쳐, 1998년 1월 1일부터 시행하기로 하였다(총무처, 1997).

한편 지방자치단체 수준에서는 1991년 11월 25일 청주시 의회가 정보공개조례를 한국 최초로 제정하였다. 청주시 의회가 최초로 정보공개조례를 제정하기까지는 청주시 의회의 행정정보공개조례제정, 청주시장과 충북도지사의 재의요구와 의회의 재의결, 청주시장의 소제기, 대법원의 정보공개조례의 수용판결 등의 어려운 경로를 거쳐야만 했었다. 그러나 청주시의 정보공개조례의 제정은 전국의 지방자치단체에 대해 막대한 파급효과를 가져왔다. 이처럼 기본법으로서의 정보공개법이 없는 상황에서도 지방정부수준에서 중앙정부차원에서의 입법화 단계보다 앞서서 정보공개의 제도화가 이룩될 수 있었던 것은 무엇보다도 1961년 지방의회 해산으로 막을 내렸던 우리나라의 지방자치시대가 1991년 지방의회의 구성으로 인해 재도래하였다는 점에서 기인한다고 판단된다(성도경, 1997).

2. 행정정보공개제도의 내용

행정정보공개제도는 앞에서 이미 논의한 바와 같이 정보사회에 있어서 국민의 기본권의 하나인 알권리의 보장과 나아가 민주주의의 발전에 있어서 매우 중요한 역할을 하며, 따라서 일부 역기능이 발생할 수 있음에도 불구하고 이 제도의 당위성에 대해서는 별다른 이론이 없다. 그러나 법의 제정과정에서 많은 논란이 있었듯이 그 일부 내용에 대해서는 이론의 소지가 많고 실제로 국가에 따라서 다양한 형태를 지니고 있다. 따라서 정보공개가 합리적으로 이루어지기 위해서는 행정정보공개제도의 기본적 구성요소인 그 내용에 대한 명확한 기준이 설정되어야 한다. 또한 행정정보공개제도의 성공적 정착을 위해서는 우리 현실에 맞는 합리적 제도의 구현이 필수적이지만, 이와 동시에 정보공개청구의 주체와 대상기관인 국민과 담당공무원의 긍정적인 행태와 정보공개 관련제도의 정비가 뒷받침 될 때만이 동 제도의 본래 목적을 보다 충실히 실현할 수 있는 것이다.

행정정보공개제도의 내용은 정보를 누가 청구할 것인가(정보공개 청구권자), 정보를 누가 공개할 것인가(정보공개 대상기관), 공개가 되는 정보는 어떠한 것인가(정보공개 대상정보), 공개가 아니 되는 정보는 무엇인가(비공개대상정보) 등 제도의 실질적 요건을 규정하고 있는 실체적 내용과 국민의 정보공개청구를 용이하게 해주기 위한 것으로서의 정보의 청구절차의 요소(정보공개 절차)와 행정정보공개제도의 실효성을 확보하기 위한 것으로서의 청구된 정보가 거부되었을 경우 구제절차의 방법(불복구제절차) 등 절차적 요건을 규정하고 있는 절차적 내용으로 나누어 생각할 수 있다.

1) 실체적 내용

(1) 정보공개 청구권자

정보공개 청구권자란 필요로 하는 정보를 청구에 의하여 정보를 획득하고자 하는 자로서, 정보공개제도에 있어서 정보공개를 청구할 수 있는 자가 누구인지를 결정하는 중요한 사항이다. 정보공개를 청구할 수 있는 자가 누구인가를 결정하는 것은 국민의 기본권인 알권리를 제도적으로 보장받을 수 있는 사람이 누구인가를 결정하는 실무상의 중요사항이다. 그런데 정보공개 청구권자의 범위는 대상기관의 사고방식이나 입장에 따라 다르게 결정될 수 있다. 즉 정보공개제도의 의의, 목적, 효력 등에 관한 정보공개기관의 견해에 따라 공개청구권 자체에 대한 이해가 달라지기 때문에 정보공개 청구권자의 범위도 그에 따라 다르게 결정될 수밖에 없다. 그럼에도 불구하고 정보공개 청구권자의 범위에 관한 견해는 대체로 주민에 한정하는 경우, 국민으로 한정하는 경우, 이해관계자에 한정하는 경우, 누구든지로 하는 경우 등 4가지 유형으로 분류된다(本田弘, 한규인 역, 1991: 16-27: 유동주, 1990: 55-78: 신은희, 1982: 79-83).

정보공개 청구권자에 대하여 정보공개법 제6조 제1항에서는 "모든 국민은 정보의 공개를 청구할 권리를 가진다"라고 규정하고 있다. 여기서 모든 국민25)에는 개인, 법인·단체를 포함한다. 특히 법인은 국민 생활에 있어서 자연인 못지않게 다양한 활동을 하며 그 효과도 자연인에게 귀속되므로 그 성질상 정보공개청구권이 인정되는 것이다.

또한 법 제6조 제2항에서는 "외국인의 정보공개청구권에 관하여는 대통령령으로 정한다"라고 규정하고 있다. 이에 따라 동법 시행령 제3조에서는 법 제6조 제2항의 규정에 의하여 정보공개를 청구할 수 있는 외국인을 ① 국내에 일정한 주소를 두고 거주하거나 학술·연구를 위하여 일시적으로 체류하는 자, ② 국내에 사무소를 두고 있는 법인 또는 단체로 규정하고 있다. 이처럼 정보공개 청구권자에 외국인을 포함하는 것은 그들이 우리나라의 법이 정하는 바에 따라 정식으로 받아들여졌으며, 우리나라 국민과 같이 조세를 납부하는 등 동일한 사생활을 하고 있다는 데 연유한다(김원주, 1990: 122-123). 다만 외국인에 대하여 공개하는 것은 우리나라의 주권, 안전 및 중요한 경제적 이익이나

---

25) 미성년자의 공개청구에 대하여 이 법안에서는 별도의 규정이 없으나, 일반적으로 미성년자는 사법상의 무능력자로서 단독으로는 완전한 법률행위가 불가능하다. 그러나 무능력자의 범위는 대체로 재산보호를 위해 설정된 것이며, 정보공개와 같은 성질의 행위는 다음과 같은 경우에는 가능하다고 본다.
　① 중학생 이하: 비용부담능력이 없기 때문에 단독으로 청구하는 것은 인정하지 않으며, 친권자 등 법정대리인에 의한 청구가 가능하다.
　② 고등학생 이상: 공개제도의 취지, 내용 등에 대하여 충분히 이해가 가능하고 비용부담 능력이 있다고 판단되므로 단독청구가 가능하다.

일반적 공공의 질서에 손해를 주게 되는 경제상·상업상 및 기술상의
행정문서는 공개를 금지하여야 할 것이다.

(2) 정보공개 대상기관

정보공개제도에 있어서 어떤 기관에 대해 정보공개청구를 할 수 있
도록 할 것인가 하는 정보공개청구의 대상기관의 설정 문제는 정보공
개의무를 질 피청구기관의 범위를 정하는 것으로서 정보공개제도의 폭
을 결정지을 수 있는 중요한 요소가 된다. 이러한 정보공개청구의 대상
기관에 관해서는 적어도 다음과 같은 문제들을 생각해 보아야 한다. 우
선, 정보공개 실시기관의 범위를 정하는 데 있어서 행정정보를 보유하
고 있는 행정기관을 대상기관의 범위로 하는 데는 이론상 의문의 여지
가 없으나, 형식적 의미에서는 행정기관[26]이 아니지만 실질적 의미에
있어 사법행정이나 입법행정으로서 기능적인 측면에서의 행정기관인
국회사무처나 법원행정처와 같은 기관도 청구의 대상기관으로 할 것인
가 하는 문제가 형성된다. 또한 행정기관 이외에 국회나 법원 등도 공
개청구의 대상기관으로 할 것인지를 결정해야 하며, 정부투자기관 및
정부출연의 각종 기관과 연구기관 그리고 이들 기관과 업무수행상 밀
접한 관계를 가지는 여타의 기관들을 정보공개청구의 대상에 포함시킬
것인가도 문제가 된다. 이 밖에도 정보공개 여부의 결정권에 대한 소재
문제와 행정부 내의 각종 위원회들을 청구의 대상기관으로 볼 것인가
등도 피청구기관의 범위를 설정할 때 생각해야 하는 것들이다.

정보공개 대상기관에 대하여 정보공개법 제2조 제3항은 "공공기관이

---

26) 형식적 의미의 행정이란 행정의 본질적·이론적 개념으로서가 아니라 현
실적인 국가기관을 기준으로 제도적인 입장에서 정립된 개념을 말하며, 실
질적 의미의 행정이란 행정의 개념을 국가작용의 성질을 표준으로 이해하
여 입법, 사법과 구별하려는 것이다. 예컨대, 행정청의 재결은 형식적 의미
에서는 행정이지만 실질적으로는 사법작용이 되는 것이다(이명구, 1991:
45-58).

라 함은 국가, 지방자치단체, 정부투자기관관리기본법 제2조의 규정에 의한 정부투자기관 기타 대통령령이 정하는 기관을 말한다"라고 규정하고 있어 정보공개 대상기관을 입법·사법·행정을 포함한 모든 국가기관뿐만 아니라 일정한 공공기관까지 포함하고 있다는 점에서 적어도 정보공개 대상기관이 비교법적으로 가장 폭넓은 방향으로 정립되어 있음을 알 수 있다.

공공기관으로서의 국가는 국회·법원·행정부, 헌법재판소, 중앙선거관리위원회를 말하며, 지방자치단체란 지방자치법 제2조 제1항의 특별시·광역시·도 및 시·군·구와 동 제3항의 국유림 위탁관리를 위한 영림조합 등의 특별지방자치단체, 동법 제104조의 소방기관·교육훈련기관·보건진료기관·시험연구기관 및 중소기업 지도기관 등의 직속기관, 동법 제105조의 체육시설관리사업소·공원녹지관리사업소·간척지원사업소 등의 사업소, 동법 제106조의 출장소, 동법 제107조의 선거관리위원회, 인사위원회 등의 합의제행정기관, 지방교육자치에 관한 법률 제3조 제1항의 시·도교육위원회, 동법 제43조의 하급교육행정기관 등을 말한다. 또한 정부투자기관관리기본법 제2조의 규정에 의한 정부투자기관이란 정부가 납입자본금의 5할 이상을 출자한 기업체를 말하는 것으로서 한국산업은행, 중소기업은행, 한국조폐공사, 대한석탄공사, 한국전력공사, 대한무역투자진흥공사, 대한광업진흥공사, 농어촌진흥공사, 농수산물유통공사, 대한주택공사, 한국수자원공사, 한국도로공사, 한국관광공사, 한국토지공사, 한국석유개발공사 등 15개 기관을 말한다. 그리고 기타 대통령령이 정하는 기관에 대해서는 정보공개법 시행령 제2조에서 교육법 기타 법률에 의하여 설치된 각 급 학교(유치원, 초등학교, 중학교, 고등학교, 대학(교), 전문대학, 한국방송통신대학교, 개방대학, 기술학교 등), 특별법에 의하여 설치된 특수법인(건설공제조합, 의료보험조합, 한국개발연구원 등), 공무원연금법 제47조 제2항 내지 제4항의 규정에 의한 퇴직연금 지급정지 대상기관 등으로 규정하고 있다.

이와 같이 대통령령으로 정보공개 대상기관을 선정한 이유는 정보공개가 국민의 알권리 보장과 투명성의 확보라는 측면에서 공공적인 성격을 가진 기관은 모두 대상으로 해야 할 필요성이 있으며, 특히 정보공개법과 관련이 있는 개인정보보호법과 대상기관의 형평을 유지하기 위함이다.

공공기관이 정보공개를 하려고 하여도 스스로 정보공개를 실시할 수 있는 여건을 조성하지 않으면 현실적으로 불가능하다. 이에 따라 정보공개법 제5조 제2항과 제22조 제1항, 제2항에서 "공공기관은 정보의 적절한 보존과 신속한 검색이 이루어지도록 정보관리체계를 정비하여야 한다", "공공기관은 일반국민이 공개대상정보를 쉽게 이용할 수 있도록 주요 문서목록 등을 작성·비치하여야 한다", "공공기관은 정보의 공개에 관한 사무를 신속하고 원활하게 수행하기 위하여 정보공개 장소를 확보하고 공개에 필요한 시설을 갖추어야 한다"라고 각각 규정하고 있다.

그러나 정보공개법 제4조 제3항에서 "국가안전보장에 관계되는 정보 및 보완업무를 관장하는 기관에서 국가안전보장과 관련된 정보분석을 목적으로 수집되거나 작성된 정보에 대하여는 이 법을 적용하지 아니한다"라고 규정하고 있어, 정보공개 대상기관에 있어서 국가안전기획부 등에 대해서는 정보공개청구가 사실상 불가능하게 되었다. 따라서 앞으로 공공기관의 범주가 더욱 확대되어 국민의 정보접근의 대상기관이 넓혀지는 방향으로 정립되어야 할 것이다.

(3) 정보공개 대상정보

행정의 전 과정이 국민에게 공개되고 유리상자 속의 모래알처럼 국민에게 알려지면 각종 역기능은 점차 사라질 수밖에 없고, 국민의 행정에 관한 참여도 효과적이고 실질적인 내용으로 이루어져 민주행정이 이루어지게 된다고 할 수 있다. 민주행정은 국민을 위한 행정, 국민에

의한 행정, 국민의 행정으로 볼 수 있는바 이러한 세 가지 측면이 가능하려면 행정정보공개가 전제조건으로 충족되어야 할 것이다.

따라서 정보공개제도에 있어서 가장 중요한 사항은 공개의 대상이 되는 정보, 즉 무엇이 공개되고 역으로 무엇이 공개되지 않는가 하는 점에 있다. 이 제도가 대상으로 하는 정보의 범위를 명확히 하지 못하면 제도운영이 일관성을 잃게 되고 나아가 제도가 유명무실화 될 수 있기 때문에 이 부분을 어떻게 규정하느냐 하는 것은 국민의 알권리에 실질적으로 크게 영향을 미칠 것이다.

공개청구의 대상으로서의 공문서의 범위는 비공개사항의 범위와 함께 정보공개제도에 있어서 가장 중요한 문제이다. 이는 정보공개의 범위를 정하는 것으로서 공문서 및 비공개사항의 범위의 광협, 구체화 및 명확화의 정도에 따라 정보공개제도가 행정의 비밀주의를 타파하고 국민의 재산으로서의 행정정보를 국민이 입수하여 알 수 있도록 하여 깨끗하고 민주적인 행정을 확립하기 위한 중요한 수단으로서의 기능을 제대로 발휘하게 되기도 하고, 비밀행정 및 관료행정을 조장하는 수단으로서 이용될 우려도 있는 것이다.

공문서를 좁게는 '결제·공람문서'만을 포함하는 것으로 정의할 수 있는 데[27], 이는 결제된 문서만을 공개함으로써 결론을 강요하고, 공개하고 싶지 않은 정보는 결제·공람의 절차를 밟지 않고 자의적으로 내부자료 등으로 정보를 은닉하고 처음부터 공개에서 제외하는 문제점이 있다.

따라서 정보공개의 대상은 행정기관이 '직무상' 작성하거나 취득하여 보유·관리하는 것으로, 직무의 범위는 권력작용·관리작용·사경제작용 등 널리 공무와 관련된 일체의 행위를 포괄하는 개념으로 넓게 이

---

27) 일본의 경우 대부분의 정보공개조례는 대상정보를 이에 한정하고 있는데, 이는 주민에게 정책형성과정에의 참가를 거부한 선택을 한 것이라는 견해가 있다.

해하여야 할 것이다. 또한 문서가 지칭하는 개념은 보다 포괄적인 것으로 일정사안에 한정되지 않고 보고서·연구서·회의서·의견서·통계자료·예측서·결정서·회람·지시·법률의 해석과 행정절차의 기술을 담고 있는 관계부서의 답변서 등을 포함한다고 하여야 할 것이며, 위에 기술한 내용과 사항이 단순한 문서로서 보유·관리되고 있는 것뿐만 아니라 도서·사진 및 마이크로필름·녹음테이프·컴퓨터에 의하여 보유·관리되고 있는 것 등을 보고, 읽고, 들어 이해할 수 있는 모든 기록이 포함된다고 보아야 할 것이다.

이에 따라 정보공개법 제2조 제1항에서 정보공개의 대상으로서 "정보라 함은 공공기관이 직무상 작성 또는 취득하여 관리하고 있는 문서·도면·사진·필름·테이프·슬라이드 및 컴퓨터에 의하여 처리되는 매체에 기록된 사항 등을 말한다"고 규정하고 있다. 이는 사실상 공공기관이 보유·관리하는 일체의 문서를 포괄하는 것으로 이해할 수 있다. 특히 컴퓨터에 의하여 처리되는 정보까지 포함하고 있다는 점에서 정보사회의 진전에 따른 법률임을 단적으로 나타내고 있다. 그리고 동법 제2조 제2항과 제3조에서 "공개라 함은 공공기관이 이 법의 규정에 의하여 정보를 열람하게 하거나 그 사본 또는 복제물을 교부하는 것을 말한다", "공공기관이 보유·관리하는 정보는 이 법이 정하는 바에 따라 공개하여야 한다"라고 각각 규정하여 정보공개의 원칙을 분명히 하고 있다.

그런데 국민이 이들 문서에 접근하여 입수하기 위해서는 문서가 체계적으로 정리·보존되어 공식적으로 관리되어야 한다. 만약 기록되지 아니한 비정형정보, 초고 등의 비공식정보, 미정리로 검색이 곤란한 정보, 보존장소불명의 정보 등이 존재하여 공개대상정보로서의 형식적 요건을 구비하지 않는 비밀정보군을 형성하게 되면 비공개대상정보가 최소한으로 적용된다고 하더라도 정보공개제도가 그 본래의 의미를 지니지 못할 것이다. 따라서 정보공개제도가 실효를 거두기 위해서는 중요한 정보는 문서화할 것을 의무지우고, 보존년한, 폐기의 기준 및 절차에 대하여 명확히 정하여야 할 것이다. 동법 제5조(공공기관의 의무)에서 이를 정하고 있다.

(4) 비공개대상정보

민주정치체제에 있어서 국가나 지방자치단체의 정보공개가 필수적인 것과 마찬가지로 일정한 권리나 이익의 보호를 위한 최소한의 비밀도 불가결한 것이다. 정보공개가 국민의 알권리를 보장하고 정치나 행정에 대한 감시·비판과 참여에 이바지함은 상술한 바와 같지만, 이와 대립·상충하는 권리나 이익의 보호를 위하여 비공개대상을 인정하지 않을 수 없다는 점에서 정보공개제도의 한계가 있다. 따라서 공개의 대상이 되는 정보는 원칙적으로 모든 행정정보이나 정보공개의 취지를 훼손하지 않는 최소한의 범위 내에서 그 예외가 인정되어 진다.

비공개대상정보란 정보공개제도에 있어서 청구자의 청구권의 보장과 공개청구를 받은 공공기관의 업무가 갖는 공익성 및 당해 공공기관에 의하여 정보를 제공한 개인이나 법인의 권리·이익의 보호와 이들 양자간의 조정을 도모하기 위하여 공개원칙에 대하여 예외가 되는 정보를 유형화하여 열거한 것으로 공공기관의 공개의무가 면제된 범주의 정보를 말한다(박영기, 1992: 159). 즉, 비공개대상정보는 정보공개제도에 있어서 정책, 기술적 측면이나 법적용의 측면에서 가장 많은 논란의 대상이 되는 것으로 공개원칙에 대해 어떠한 내용의 정보를 비공개로 사항으로 규정할 것인가 하는 것과 정보공개의 한계로서 작용하는 비공개 사항의 해석에 관한 국민의 공개요구와 행정기관의 공개거부 사이의 필연적 갈등 문제이다. 그런데 각국의 정보공개제도에 있어서 공통적인 특징은 국민의 알권리 충족을 위하여 국정정보는 공개가 원칙이며 비공개는 어디까지나 예외이어야 한다는 원칙을 기초로 하고 있다는 사실이다. 따라서 비공개대상정보는 국익이나 사익과 국민의 알권리 또는 공개행정이라는 양 가치의 비교에 의해 결정되기는 하지만, 이에 대한 추상적이고 명확하지 못한 규정으로 인해 정보공개법 자체가 그 뿌리부터 흔들릴 수 있으므로 이를 보다 명확하고 한정적으로 규정하지 않으면 안 될 것이다.

정보공개제도의 비공개대상정보는 크게 두 가지로 유형화되는데, 첫 번째 유형은 스웨덴, 캐나다, 핀란드의 경우처럼 한정적 열거주의로서 공무원의 자의에 의한 비공개를 방지하고 비공개의 결정을 기속행위로 하거나 재량범위를 최소한으로 규제하기 위해 비공개대상정보를 법률로 일일이 열거하는 형태의 규정방식이다. 두 번째 유형은 스웨덴, 캐나다, 핀란드를 제외한 대부분의 국가에서 취하는 방식으로 비공개대상정보를 유형별로 나누어 개괄적으로 정함으로써 구체적인 비공개의 결정은 공무원의 재량에 일임하는 입장인 개괄주의이다(Feinberg, 1986: 615-621). 그런데 후자의 개괄주의를 취하는 국가들도 그 비공개대상정보는 서로 다르다. 그럼에도 불구하고 정보공개제도의 비공개대상정보는 ① 법령비밀에 관한 정보(즉 국가비밀), ② 법인 등의 기업비밀, ③ 개인의 프라이버시에 관한 정보, ④ 공개함에 따라 행정의 공정 혹은 원활한 집행에 현저한 지장을 끼칠 우려가 있는 정보 등으로 유형화할 수 있다.

국가비밀은 국가의 원활한 기능 수행을 위한 한계요인이고, 기업·개인비밀은 기본권의 보장을 위한 한계요인이다. 따라서 후자의 경우는 국민의 알권리(정보공개)와 영업의 자유·사생활의 비밀 사이에 상충하는 기본권의 조정이라는 견지에서 접근할 문제이지만, 전자의 경우는 국가권력에 의해 뒷받침되는 것으로 민주정치체제하에서 국가권력의 제한이라는 견지에서 좀 더 엄격하게 다루어져야 할 것이다. 그런데 후자에 있어서도 기업비밀과 관련하여서 오늘날 기업이 국가권력에 버금가는 사회적 세력을 지니고 있음을 감안할 때, 특히 소비자의 생명·건강 침해 등과 환경파괴에 관한 정보공개의 여부는 단순한 기

84

본권 조정의 차원을 넘어서야 할 것이다. 그리고 개인비밀은 국가나 기업에 비하여 열악한 지위에 있는 개인의 사생활을 보호하기 위한 것으로서 정보공개제도하에서의 예외지만 고도로 존중되어야 할 것이다(김배원, 1996: 141-142).

이와 같은 비공개대상정보의 설정과 관련하여 고려해야 할 사항으로는 첫째, 제한열거의 문제로서, 이는 비공개대상정보를 공개해서는 안 되는 정보와 공개하지 않을 수 있는 정보 그리고 부분공개로 구분하여 열거함으로써 보다 구체화하여 비공개대상정보가 필요 최소한이어야 한다는 것이다. 둘째, 명확성의 문제로서, 이는 정보공개제도의 비공개대상정보를 정보의 공개 및 비공개를 명확히 판단할 수 있도록 명확하게 규정하여 자의적인 조작이 개입할 수 없도록 해야 한다는 것이다. 셋째, 객관성의 문제로서, 이는 공개원칙의 예외조치로서 제시되는 비공개대상정보는 객관적인 비공개 기준에 준거해야 한다는 것으로 특정한 형식의 구체적인 객관성 및 실무적인 객관성을 의미한다. 넷째, 시한성과 부분성의 문제로서, 이는 비공개대상정보라 하더라도 시한성을 고려하여 시간의 경과에 따라 공개 가능한 정보는 비공개를 해제해야 한다는 것으로 그 기준의 설정이 요구된다는 것과 또한 해당 정보작성 시의 사전판정과 공개시점에서의 판정을 고려하여 공개할 필요가 있다는 것이다. 다섯째, 비공개대상정보와 수비의무 간의 관계로서, 이는 비공개대상정보가 공무원은 직무상 알게 된 비밀을 누설해서는 안 되며 그 직을 퇴직한 후에도 마찬가지라는 공무원의 일반적이고 개괄적인 수비의무 규정과 어떠한 관계에서 준수되어야 하느냐는 문제로 비공개대상정보와 수비의무규정은 모두 단순히 행정상 비밀로 취급하는 것이 필요하다고 판단해서 지정하는 형식적 비밀이기보다 내용을 비밀로서 보호하는 것이 실질적인 이익이 있다고 객관적으로 인정되는 실질적 비밀이어야 하며, 각각 명확히 법규로 제한열거 되어야만 할 것이다(이윤식, 1991: 257).

또한 공개의무가 면제된 비공개대상정보의 범위 설정 기준으로는 기본권 제한의 원리에 따라 정하는 방법(헌법 제21조 제4항의 헌법직접제한규정과 헌법 제37조 제2항의 법률유보조항에 의거)과 행정의 원활한 집행과 편의주의로 포괄적 규정을 두는 방법이 있다. 행정의 능률을 중요시하는 후자는 정보공개제도의 실효성을 저하시킬 가능성이 크기 때문에 전자를 채택하는 것이 타당할 것이다. 그러나 기본권 제한의 원리에 획일적으로 따르게 되면 공익을 해칠 수 있는 경우가 발생할 수 있으므로 이를 보완할 수 있는 규정이 필요하다 하겠다(박영기, 1992: 159-162).

정보공개법 제정과 관련하여 가장 첨예한 논란을 불러일으킨 바 있고, 현실적으로 정보공개제도의 실질적인 기능을 할 것이냐 아니면 비밀보호법으로 전락할 것이냐에 직접적으로 관련된 비공개대상정보는 정보공개법 제7조 제1항에서 8가지로 규정하고 있다. 각 호를 보면 법령(제1호), 국익(제2호), 국민의 기본권(제3호), 형사사법적 정의(제4호), 공정한 행정(제5호), 개인정보(제6호), 법인정보(제7호), 특수이익(제8호)의 순으로 비공개대상정보를 규정하고 있는데, 이를 구체적으로 살펴보면 다음과 같다.

첫째, "다른 법률 또는 법률에 의한 명령에 의하여 비밀로 유지되거나 비공개사항으로 규정된 정보"(제1호)는 공개하지 아니할 수 있다. 이것은 법령에 의한 비공개의 가능성을 열어둔 일반조항의 성격을 갖는다. 이에 대해 법령의 형식을 빌려서 공공기관의 비공개에로의 도피를 제도적으로 보장해 준 것이라는 비판이 있다. 즉 법령을 빌려서 개별적·특정적으로 공개하지 못하도록 한 사항으로 한정하여야 한다는 주장이 있다.

둘째, "공개될 경우 국가안전보장·국방·통일·외교관계 등 국가의 중대한 이익을 해할 우려가 있다고 인정되는 정보"(제2호)는 공개하지 아니할 수 있다. 이것은 국가안전과 외교상 비밀에 대한 비공개원칙이다. 이른바 '군사 또는 외교상의 정보로서 정보공개가 국가의 안전을 훼손하는 것'을 의미하는 협의의 국가비밀 개념에 해당하는 것이다. 국가기밀에 관한 법률은 형법 제98조 제2항(군사상 기밀을 적국에 누설), 군형법 제13조 제2항(군사상의 비밀), 국가보안법 제4조 제1항(형법 제98조의 군사상의 비밀이나 국가기밀을 누설한 데 대한 처벌), 국가공무원법 제60조(비밀엄수의무), 군사기밀보호법 등이 있다. 또한 국가안전기획부는 국가안전기획부법에 따라 국가기밀보안업무를 관장하고, 그 절차에 관하여 보안업무규정은 "비밀이라 함은 그 내용이 누설되는 경우 국가안전보장에 유해로운 결과를 초래할 우려가 있는 국가기밀로서 이 령에 의하여 비밀로 분류된 것"(제2조)이라고 하고, 그 중요성과 가치의 정도에 따라 비밀을 1·2·3급 비밀로 구분하고 있다(제4조). 그런데 국가기밀사항이라 하더라도 국회의 국정조사·국정감사 및 감사원 감사와 국회의 대정부질문 등의 경우에는 한정적으로 공개가 가능하다(성낙인, 1995: 41-42).

셋째, "공개될 경우 국민의 생명·신체 및 재산의 보호 기타 공공의 안전과 이익을 현저히 해할 우려가 있다고 인정되는 정보"(제3호)는 공개하지 아니할 수 있다.

넷째, "진행 중인 재판에 관련된 정보와 범죄의 예방, 수사, 소송의 제기 및 유지, 형의 집행, 교정, 보안처분에 관한 사항으로서 공개될 경우 그 직무수행을 현저히 곤란하게 하거나 형사피고인의 공정한 재판을 받을 권리를 침해한다고 인정할 만한 상당한 이유가 있는 정보"(제4호)는 공개하지 아니할 수 있다. 이것은 진행 중인 재판관련 사항의 공개로 인하여 형사사법적 정의의 실현에 지장을 초래하는 정보는 비공개로 한다는 원칙에 입각한 규정이라고 보여진다. 그러나 형사사법적 절차진행과정에서 담당기관의 업무수행에 지장을 초래하지 않는 범위 내라면 가능한 폭넓게 진행과정이 공개되어야 할 것이다. 그런데 다른 한편으로 피고인의 인권보장이라는 측면을 고려하여야 한다면 일반국민의 알권리의 충족과 형사피고인의 개인적 기본권보호라는 두 개의 보호법익 사이의 비교형량의 문제가 발생하게 된다. 따라서 진행 중인 재판에 관한 정보공개는 재판에 직접적인 영향을 초래한다고 인정할 만한 상당한 이유가 있는 경우에만 비공개대상에 해당되어야 할 것이다(성낙인, 1991: 51).

다섯째, "감사·감독·검사·시험·규제·입찰계약·기술개발·인사관리·의사결정과정 또는 내부검토과정에 있는 사항 등으로서 공개될 경우 업무의 공정한 수행이나 연구·개발에 현저한 지장을 초래한다고 인정할 만한 상당한 이유가 있는 정보"(제5호)는 공개하지 아니할 수 있다. 현대행정은 행정주체의 자의적·재량적 범위를 축소하여 법치행정의 타당범위를 확대하여야 한다는 것을 고려할 때, 행정업무의 담당자인 공무원의 인사와 의사결정과정은 객관적 공정성을 보장하여야 하므로 상당한 이유가 있는 경우에 비공개대상에 해당된다고 할 수 있겠다. 또한 감사·감독·검사·시험·규제 등은 원칙적으로 국민의 알권리를 보장하기 위하여 공개하여야 하지만, 연구·개발에 현저한 지장을 초래할 때는 공개하지 아니할 수 있다.

여섯째, "당해 정보에 포함되어 있는 이름·주민등록번호 등에 의하여 특정인을 식별할 수 있는 개인에 관한 정보"(제6호)는 공개하지 아니할 수 있다. 행정기관에 의한 정보공개로 인하여 개인의 프라이버시가 침해될 우려가 있는 경우, 이를 비공개로 하는 것이 원칙이다. 이것은 행정기관의 정보공개를 통한 국민의 알권리의 확보와 이의 공개로 인한 개인의 프라이버시 침해 사이의 이른바 공익과 사익의 조화문제이다. 따라서 이에 관한 사항은 원칙적으로 사생활보호의 차원에서 개인의 기명정보의 보호라는 측면에서도 논의될 수 있으므로 정보공개법과 개인정보보호법 사이의 상호 조화 및 보완관계에 관한 것이다.

그런데 정보공개에 의해 발생하는 프라이버시의 권리침해보다 명백히 중요하거나 정보공개가 정보에 관련된 개인에게 명백히 이익을 주는 경우 등에는 공개가 허용되는 것으로 이해할 수 있을 것이다. 이에 관하여 ① 법령 등이 정하는 바에 의하여 열람할 수 있고, ② 공공기관이 작성하거나 취득한 정보로서 공표를 목적으로 하거나, ③ 공공기관이 작성하거나 취득한 정보로서 공개하는 것이 공익 또는 개인의 권리구제를 위하여 필요하다고 인정되는 정보는 공개하는 것으로 정하고 있다.

그러나 이 경우 문제가 되는 것은 그 판단을 제3자인 행정기관이 정확하게 그리고 공정하게 비교형량하여 판단할 수 있느냐 하는 것이다. 따라서 이러한 문제점을 해소하기 위한 방안의 하나로써, 개인이나 기업 등 법인의 정보의 공개에 있어서는 사전에 그들에게 의견진술의 기회를 부여하고 난 후에 공개의 여부를 결정하는 것을 고려할 수 있겠다.

일곱째, "법인, 단체 또는 개인의 영업상 비밀에 관한 사항으로서 공개될 경우 법인 등의 정당한 이익을 현저히 해할 우려가 있다고 인정되는 정보"(제7호)는 공개하지 아니할 수 있다. 기업비밀의 유형 또한 개인정보의 보호와 마찬가지로 행정기관이 보유하고 있는 정보의 공개로 인하여 개인이나 기업의 재정 및 경영상태에 장애를 초래해서는 안된다는 관점에서 원칙적으로 비공개 사유로 하고 있다. 다만, 영업활동에 의하여 발생하는 위해로부터 사람의 생명, 신체 또는 건강을 보호하기 위하여 공개할 필요가 있는 정보와 위법·부당한 영업활동으로부터 국민의 재산 또는 생활을 보호하기 위하여 공개할 필요가 있는 정보는 비공개대상에서 제외되어야 할 것이다.

끝으로, "공개될 경우 부동산투기·매점매석 등으로 특정인에게 이익 또는 불이익을 줄 우려가 있다고 인정되는 정보"(제8호)는 공개하지 아니할 수 있다. 국가정책 등의 정보공개는 공공의 이익을 위한 것이어야 하며, 공개로 인해 특정인에게 특별한 이익이나 불이익을 줄 우려가 있는 경우에는 비공개대상으로 하여야 할 것이다.

2) 절차적 내용

(1) 정보공개 절차

정보공개청구권을 구체적으로 행사할 수 있는 간편하고 효과적인 정보공개절차는 바람직한 정보공개제도의 정착을 위한 중요한 요소로서, 청구권자가 누구에게 어떻게 정보공개를 청구할 수 있으며, 정보공개의 요구를 받은 기관은 이에 대하여 어떻게 반응해야 되며 언제 어떤 조치를 취해야 하는가를 규정하는 것이 정보공개절차의 문제이다. 즉, 정보공개절차는 공개대상이 되는 정보의 범위 여하에 따라 피청구인을 어떠한 단위로 설정할 것인가 하는 문제, 청구인 측에서 공개절차를 위해 충족시켜야 할 절차형식에 관한 요건, 피청구인 측, 즉 공개청구를 받은 기관의 공개여부 결정 및 답변에 관한 요건, 즉 결정기한, 답변의무 및 기한, 소관기관에 대한 고시여부 등을 어떻게 규정할 것인가 하는 문제 등을 주된 내용으로 한다.

이러한 정보공개의 세부절차는 국가마다 정보공개제도의 특색에 따라 다소 차이를 보이나 전반적인 절차는 유사하다. 일반적인 정보공개절차는 청구권자가 해당 실시기관의 정보공개담당관이나 별도의 정보공개담당기관에 서면으로 필요한 정보의 공개를 청구하면 담당창구는 해당 정보보유 부서에 청구서를 송부하고 이에 대해 정보보유 부서는 내부심사 즉, 공개여부를 판단하여 개시의 통지 혹은 거부의 회답을 정보공개담당창구에 보내게 되고 담당창구는 이것을 청구권자에게 통지하게 된다. 이에 따라 청구권자는 청구한 정보를 열람하거나 복사본을 교부 받게 된다. 그러나 일정기간 동안 명시적인 회답이 없거나 공개청구에 대해 거부의 회답을 받은 청구권자는 먼저 해당 실시기관 내 상급 공무원이나 독립의 정보공개전담기관에 불복신청을 할 수 있고, 여기에서 만족스러운 결과를 얻지 못하면 그 다음으로 사법심사를 최고법원으로부터 우선적으로 받을 수 있게 되어 있다. 정보공개청구에 따른 제 비용은 정보검색 및 복사 등과 관련된 적정비용으로서 기본적으로 청구자 부담이나, 할인 또는 면제의 혜택을 받을 수 있게 하고 있다.

① 정보공개의 청구방법(법 제8조)

정보공개의 청구를 위해서는 정보의 공개를 청구하는 자(이하 '청구인'이라 한다)가 당해 정보를 보유하거나 관리하고 있는 공공기관에 청구인의 이름·주민등록번호 및 주소, 공개를 청구하는 정보의 내용 및 사용목적을 기재한 정보공개청구서를 제출하여야 한다.[28]

다만 정보공개청구의 대상이 이미 널리 알려진 사항이나 청구량이 과다하여 정상적인 업무 수행에 현저한 지장을 초래할 우려가 있는 경우에는 청구된 정보의 사본 또는 복제물의 교부를 제한할 수 있다. 그리고 정보공개의 청구에 필요한 세부사항은 국회규칙, 대법원규칙, 헌법재판소규칙, 중앙선거관리위원회규칙 및 대통령령으로 정하게 된다.

② 공개여부의 결정(법 제9조)

공공기관은 정보공개의 청구가 있는 때에는 청구를 받은 날로부터 15일 이내에 공개여부를 결정하여야 한다. 이것은 공개여부의 결정을 신속하게 하기 위한 것으로, 1995년 정보공개법 시안(30일)보다 결정기간을 더욱 단축시킨 것이다.

그런데 공공기관이 부득이한 사유[29]로 이 기간 내에 공개여부를 결

---

28) 정보공개청구는 행정처분의 사실관계를 명확히 하기 위하여 구두 또는 전화에 의한 청구는 인정하지 않는다. 따라서 직접 청구하거나 우편, 모사전송 또는 컴퓨터 통신 등으로 하여야 한다.(동법 시행령 제4조).

29) 동법 시행령 제7조 제3항에서 부득이한 사유에 대하여 다음과 같이 규정하고 있다. ① 일시에 많은 정보공개가 청구되거나 공개청구된 정보의 내용이 복잡하여 정하여진 기간에 공개여부의 결정이 곤란한 경우, ② 공개청구된 정보와 관련 있는 제3자 또는 당해 정보를 생산한 공공기관의 의견청취 등으로 인하여 정하여진 기간에 공개여부의 결정이 곤란한 경우, ③ 전산정보처리조직에 의하여 처리된 정보가 공개부분과 비공개부분을

정할 수 없는 때에는 그 기간의 만료일 다음 날부터 기산하여 15일의 범위 내에서 공개여부 결정기간을 연장할 수 있도록 하였다. 물론 이 경우 공공기관은 연장 이유를 청구인에게 지체 없이 서면으로 통지하여야 한다.

또한 공공기관은 공개대상이 된 정보의 전부 또는 일부가 제3자와 관련이 있다고 인정되는 때에는 공개 청구된 사실을 제3자에게 지체 없이 통지하여야 하며, 필요한 경우에는 그에 대한 의견을 청취30)할 수 있다.

그리고 정보공개를 청구한 날부터 30일(최초15일＋연장15일) 이내에 공공기관이 공개여부를 결정하지 아니한 때에는 비공개의 결정이 있는 것으로 본다. 그 이유는 비공개결정으로 간주하게 하여 즉시 불복구제 신청이 가능하도록 한 것으로, 만약 공개결정으로 간주된다면 공공기관에 이를 강제할 방법이 없으며 불복구제절차 또한 불가능할 것이기 때문이다.

③ 정보공개심의회(법 제10조)

정보공개법은 정보공개에 관한 행정기관의 감독업무 및 국민의 정보 공개청구권을 보장하기 위하여 '정보공개심의회'에 관한 규정을 두고 있다. 공공기관의 장이 단독으로 공개 청구된 정보의 공개여부를 결정하기 곤란한 사항, 이의신청사항, 기타 정보공개제도의 운영에 관한 사항 등을 심의하는 심의회는 위원장 1인 포함하여 7인 이내의 위원으로 구성되고, 위원장 및 위원은 공공기관의 장이 소속 공무원 또는 임·

포함하고 있고, 정하여진 기간 내에 부분공개 가능여부의 결정이 곤란한 경우, ④ 천재지변, 일시적인 업무량의 증대 등으로 정하여진 기간 내에 공개여부의 결정이 곤란한 경우.

30) 제3자의 의견청취는 서면으로 하는 것이 원칙이나, 공공기관이 필요하다고 인정하는 때와 제3자가 원하는 때에는 구술로 할 수 있다. 다만 구술로 의견을 청취한 관계공무원 또는 직원은 구술내용을 기록하고 본인의 확인을 받아야 한다(시행령 제9조).

직원 중에서 지명하되 필요한 경우에는 공무원이나 임·직원이었던 자 또는 외부전문가를 위촉할 수 있다. 위원의 임기는 그 직위에 재직하는 기간으로 하나 공무원이나 임·직원이었던 자 또는 외부전문가인 위원은 2년으로 한다. 또한 공무원이 아닌 위원에 대하여는 예산의 범위 안에서 수당·여비 기타 필요한 경비를 지급할 수 있으며, 기타 심의회의 운영에 관하여 필요한 사항은 공공기관의 장이 정한다.

④ 정보공개여부의 통지(법 제11조)

공공기관이 정보의 공개를 결정한 때에는 공개일시·공개장소 등을 명시하여 청구인에게 통지하여야 하며, 반대로 정보의 비공개결정을 한 때에도 그 내용을 청구인에게 지체 없이 서면으로 통지하여야 하고, 이 경우 비공개사유·불복방법 및 불복절차를 명시하여야 한다.

그런데 정보를 공개함에 있어 당해 정보의 원본이 오손 또는 파손될 우려가 있거나 그 밖에 상당한 이유가 있다고 인정될 때에는 당해 정보의 사본 등을 공개할 수 있다. 사본공개가 가능한 경우는 일부공개의 결정에 의해 당해 정보의 일부를 비공개하는 경우, 영구 보존되는 역사적 의미가 있는 정보인 경우, 실무적으로 항상 사용 중인 경우 등이다.

⑤ 기 타

공개 청구한 정보가 비공개대상정보에 해당하지만 공개가 가능한 부분이 혼합되어 있는 경우에는 공개청구의 취지에 어긋나지 아니하는 범위 안에서 양 부분을 분리할 수 있는 때에는 비공개대상정보에 해당하는 부분을 제외하고 공개하여야 한다(법 제12조).

공개여부의 결정절차 없이 즉시 처리가 가능한 정보나 구술로 처리 가능한 정보는 별도의 절차 없이 즉시 또는 구술 처리할 수 있다(법 제13조). 즉시 또는 구술처리가 가능한 정보라 함은 일반국민에게 알리기 위하여 작성된 각종 홍보자료, 이미 공개하기로 결정된 정보로서 공개에 오랜 시간이 걸리지 아니하는 정보, 기타 공공기관의 장이 정하는 정보(법 시행령 제15조)를 말하며, 대체적으로 일반 간행물, 팜플렛, 통계서·보고서·안내서, 의견서, 진정서 등이 해당되며, 이미 공개된 사항도 이에 해당된다.

정보의 공개 및 우송 등에 소요되는 비용(수수료와 우편요금으로 구분)은 수익자부담원칙에 따라 실비의 범위 안에서 청구인의 부담이다. 그러나 공개를 청구하는 정보의 사용목적이 공공복리의 유지·증진을 위하여 필요하다고 인정되는 경우[31]에는 그 비용을 감면할 수도 있다(법 제15조). 비용은 수수료에 한하여 감면할 수 있으며, 감면비율은 공공기관의 장이 결정한다. 수수료의 납부방법은 정부기관에는 수입인지로, 지방자치단체에는 수입증지로, 정부기관 또는 지방자치단체가 아닌 공공기관에는 현금으로 각각 납부한다(동법 시행령 제18조). 그러나 이러한 정보공개 수수료 규정은 몇 가지 문제점을 내포하고 있다. 우선, 행정정보는 시민의 공유재산임에도 불구하고 수수료를 부담해야 행정정보를 청구할 수 있다는 것은 정보공개의 이념에도 맞지 않으며, 제도운영상에서도 문서를 열람하기 전에 열람수수료를 내어야 한다는 점과, 청구된 문서의 문서계산방식에 따라서는 수수료 부담이 많이 증가할 수 있다는 문제점을 내포하고 있다. 이러한 문제점은 행정정보공개제도의 이용을 떨어뜨리는 요인으로 작용할 뿐만 아니라 나아가서 청구자로 하여금 스스로 알권리의 보장을 포기하도록 간접적으로 강제할 수도 있을 것이다.[32] 따라서 정보공개의 실질적 확보를 위해서는

---

31) 이에 해당하는 경우는 ① 비영리의 학술·공익단체 또는 법인의 대표자 또는 그 직원이 학술이나 연구목적을 위하여 필요한 정보를 청구한 때, ② 교수, 교사 또는 학생이 교육자료나 연구목적으로 필요한 정보를 소속기관의 장의 확인을 받아 청구한 때, ③ 기타 공공기관의 장이 공공복리의 유지·증진을 위하여 비용감면이 필요하다고 인정한 때를 말하며, 이 경우 비용의 감면비율은 해당 공공기관의 장이 정한다(법 시행령 제18조).

32) 그 예로써 참여연대 정보공개사업단은 1999년 2월 건설교통부에 최근 3년간 사업비가 100억 이상이면서 설계변경이 5회 이상 이루어진 사업내용에 대한 정보공개를 청구하였다가 4개 지방국토관리청이 6건의 사업내용에

우선적으로 열람·시청의 경우에 한해서는 수수료가 면제되는 것이 타당하다고 보여진다.

[그림 2-1] 정보공개 청구 및 처리절차

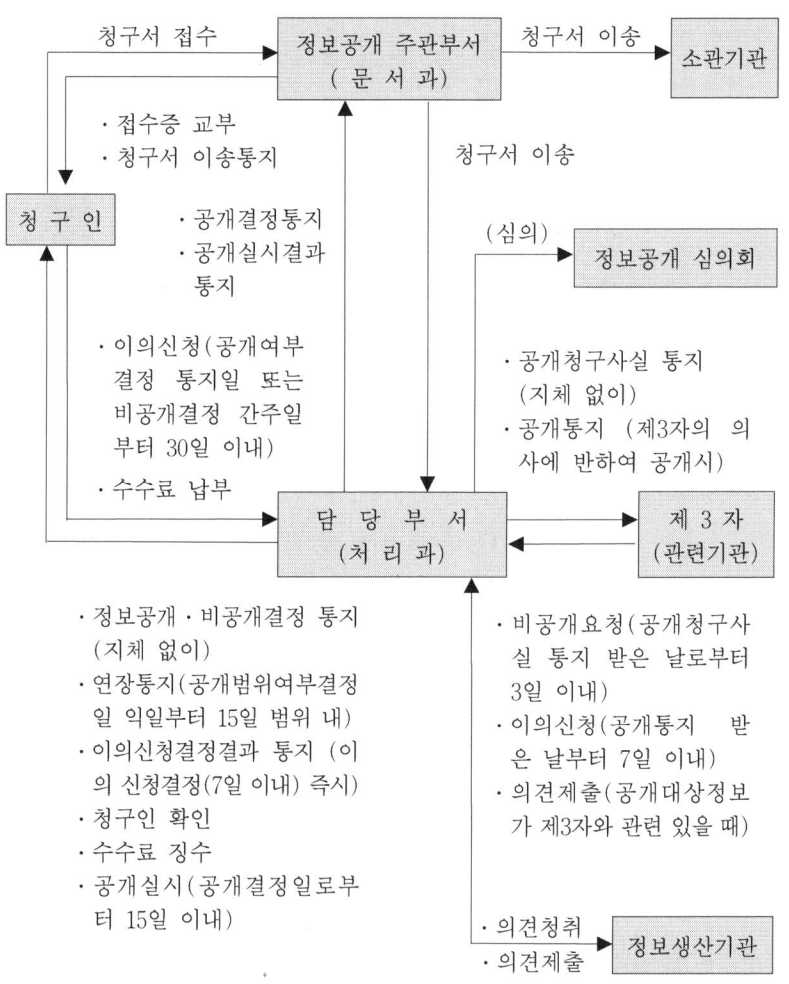

———

대해 공개를 통보해 왔지만 복사비가 아닌 단순 열람비용이 460만원에 이르러 열람자체를 포기한 바 있다(조선일보, 1999. 4. 19).

(2) 불복구제절차

정보공개법에 기초한 국민의 정보청구에 대하여 공공기관이 비공개를 결정하거나 정보의 이용을 부당하게 제한하는 경우에 국민이 사후에 법적으로 다툴 수 없다면 정보공개청구권을 실정법화하는 의미가 없다고 할 것이다. 따라서 정보공개제도의 현실적·실질적 의미를 명백히 하기 위해서는 행정청의 위법 또는 부당한 공개거부처분에 대한 구제제도가 확립되어 있어야 한다. 결국 정보공개제도가 청구자에 대해서 가능한 한 행정정보를 공개하는, 이른바 공개원칙의 이념에 입각하고 있는 이상, 공개가 거부당한 경우의 청구자의 구제는 어떠한 형태로든 보장되어 있지 않으면 안 되기 때문에 정보공개제도상의 중요한 시스템이라고 할 수 있다. 따라서 행정정보공개제도의 중추를 이루는 구제제도는 정보공개청구권자의 권리에 관계된다는 점에서 공정성과 간이신속성이란 요소를 갖추어야 하며, 행정정보공개제도 자체가 주권자인 국민의 알권리를 보장하는 제도이므로 그 권리를 보장하는 방법이어야 함과 동시에 행정참여의 원동력이 되어야 한다.

일반적으로 정보공개청구의 거부에 대한 구제제도의 유형으로는 행정불복심사제와 행정소송에 의한 제도, 제3자적 심사기관에 의한 구제제도,33) 옴부즈만제도에 의한 구제제도34) 그리고 실질적인 합의제에

---

33) 제3자적 심사기관에 의한 구제제도는 법에 의해 독립된 집행기관으로서 설치된 기관에 의해 구제에 관한 모든 것을 전담케 하는 방법과 특정 집행기관의 부속기관으로서 예치된 심의기관으로 하여금 구제심사를 담당케 하나 이때 심의기관은 재결권을 갖지 않고 정보공개의 실시기관인 특정 집행기관에게 자문 및 회신 등의 기능을 수행하는 방법을 포함한다. 이러한 구제방법은 구제의 신속성과 간편성을 기대할 수 있으나 역시 공정성상의 문제가 있을 수 있다. 이 제도의 실제적 활용은 거의 없다.

34) Ombudsman제도에 의한 구제제도는 공정성, 독립성 또는 제3자성, 간이신속성 등을 중시한 시정권고기관으로서의 독임제 구제제도로 행정정보의 공개에 관하여 공정하고 신속하게 구제를 도모하기 위하여 행정심판법 등에 의한 기존의 구제제도와는 별도로 새로운 구제제도를 설치하는 것이다. 따라서 이는 행정정보를 공개하지 않기로 한 결정 등에 관해서 청구자의

의한 구제제도35) 등이 있다. 우리나라의 정보공개법에서는 이의신청, 행정심판, 행정소송 3종류의 구제절차를 규정하고 있다.

① 이의신청(법 제16조, 제19조)

청구인이 정보공개와 관련하여 공공기관의 처분 또는 부작위로 인하여 법률상 이익의 침해를 받은 때에는 공공기관으로부터 정보공개여부의 결정통지를 받은 날 또는 비공개의 결정이 있는 것으로 보는 날부터 30일 이내에 당해 공공기관에 서면으로 이의신청을 할 수 있다.

또한 타인에 의한 정보공개청구의 대상정보 중 전부 또는 일부가 자신과 관련 있음을 당해 공공기관에 의해 통지 받은 제3자는 그 통지를 받은 날부터 3일 이내에 당해 공공기관에 공개하지 아니할 것을 요청할 수 있다. 이는 다른 사람의 정보공개청구로 인하여 발생할지도 모르는 예측하지 못한 제3자의 피해를 예방하기 위한 당연한 조치라고 생각된다. 그런데 비공개요청을 받은 공공기관이 당해 제3자의 의사에 반하여 공개하고자 하는 경우에는 공개사유를 명시하여 서면으로 통지하여야 하며, 공개통지를 받은 제3자는 당해 공공기관에 서면으로 이의신청을 하거나 행정심판 또는 행정소송을 제기할 수 있으며, 이 경우 이의신청은 통지 받은 날부터 7일 이내에 하여야 한다.

이의신청을 받은 공공기관은 이의신청을 받은 날부터 7일 이내에 그 이의신청에 대하여 수용여부를 결정하여 그 결과를 청구인에게 지체

신청 등에 의거, 실시기관에 대해 시정 또는 기타의 조치를 취하도록 권고를 행하는 소위 고충처리기관에 속한다고 말할 수 있다. 이 방법은 여러 가지 난점이 있을 수 있으나 보다 실질적이고 기능적인 제도로 인정되어 대부분의 유럽 국가들과 일본의 일부 자치단체에서 활용하고 있다.

35) 합의제 구제기관에 의한 구제제도는 행정심판법에 의한 불복신청이 아니라 정보공개법상 불복신청을 해결하는 제도로서 구제기관을 설치하여 그 기관으로 하여금 구제에 관한 모든 것을 심사하여 필요한 경우 시정권고를 할 수 있게 하는 방법이다. 이 기관에게 구제에 관해 합의결정케 함으로써 일종의 합의제에 의한 고충처리기관인 셈으로 일본의 일부 자치단체에서 활용하고 있다.

없이 서면으로 통지하여야 한다. 만일 공공기관이 이의신청을 각하 또는 기각하는 결정을 한 때에는 청구인에게 행정심판 또는 행정소송을 제기할 수 있다는 취지를 함께 통지하여야 한다.

이러한 이의신청은 형식적인 절차요건 없이 신속하고 간편하게 권리구제를 받을 수 있고, 후속절차의 진행을 사전에 방지할 수 있다.

② 행정심판(법 17조)

청구인이 정보공개와 관련하여 공공기관의 처분 또는 부작위로 인하여 법률상 이익의 침해를 받은 때에는 위의 이의신청 절차를 거치지 아니하고 곧바로 행정심판법이 정하는 바에 따라 행정심판을 청구할 수 있다.

행정심판청구서는 재결청 또는 피청구인이 행정청에 제출(행정청은 10일 이내에 행정심판청구서를 재결청에 송부)하며, 이 경우 국가 및 지방자치단체 외의 공공기관의 처분 또는 부작위에 대한 재결청은 관계 중앙행정기관의 장이 된다. 즉 재결청은 원칙적으로 당해 행정청의 직근상급행정기관이 된다. 그러나 예외적으로 당해 행정청이 되는 경우와 소관 감독행정기관이 되는 경우도 있다.

행정심판은 처분이 있음을 안 날부터 90일 이내에 제기하여야 하며, 처분이 있은 날로부터 180일을 경과하면 행정심판을 제기할 수 없다. 한편 재결은 재결청 또는 피청구인이 행정청이 심판청구서를 받은 날부터 60일 이내에 하여야 하나, 부득이한 사정이 있는 때에는 1차에 한하여 30일의 범위 내에서 기간을 연장할 수 있다.

행정심판위원회의 위원 중 정보공개여부에 관한 행정심판에 관여하는 위원은 형법 기타 법률의 벌칙적용에 있어서 공무원으로 보며, 재직 중은 물론 퇴직 후에도 그 직무상 알게 된 비밀을 누설하여서는 아니 된다.

이러한 행정심판은 정보공개청구자가 공개를 거부당한 경우 비공개

처분을 한 실시기관에 대하여 불복신청을 하는 방법으로서 구제절차가 간편하고 신속하다는 이점이 있는 반면에 구제신청을 심사하는 기관이 바로 비공개처분을 내린 실시기관이라는 점에 비추어 구제의 공평성이 의문시된다.

[표 2-2] 이의신청과 행정심판의 비교

구 분	이 의 신 청	행 정 심 판
심판기관	- 처분청	- 처분청의 직근상급행정기관
대 상	- 개별법에서 정하고 있는 처분	- 모든 위법 또는 부당한 처분 (정보공개 분야 포함)

③ 행정소송(법 제18조)

청구인이 정보공개와 관련하여 공공기관의 처분 또는 부작위로 인하여 법률상 이익의 침해를 받은 때에는 행정소송법이 정하는 바에 따라 행정소송을 제기할 수 있다.[36]

행정소송은 처분 등이 있음을 안 날부터 90일[37] 이내에 제기하여야 하며, 처분 등이 있은 날부터 1년을 경과하면 행정소송을 제기할 수 없다. 다만, 정당한 사유가 있을 때에는 그러하지 아니한다.

행정소송에 있어서 재판장은 비공개심리제도에 의하여 필요하다고 인정하는 때에는 당사자를 참여시키지 아니하고 제출된 공개청구정보를 비공개로 열람·심사할 수 있고, 재판의 대상이 비공개대상정보 중

---

36) 1998년 3월 1일부터 행정소송 중 취소소송은 법령의 규정에 의하여 당해 처분에 대한 행정심판을 제기할 수 있는 경우에도 이를 거치지 아니하고 제기할 수 있다. 다만, 다른 법률에 당해 처분에 대한 행정심판의 재결을 거치지 아니하면 취소소송을 제기할 수 없다는 규정이 있는 때에는 그러하지 아니한다.
37) 과거에는 180일이었으나 1998년 3월 1일부터 90일로 변경되었다.

국가안전보장·국방 또는 외교에 관한 정보의 비공개결정처분인 경우
에 공공기관이 그 정보에 대한 비밀지정의 절차, 비밀의 등급·종류
및 성질과 이를 비밀로 취급하게 된 실질적인 이유 및 공개가 불가능
한 사유 등을 입증하는 때에는 당해 정보를 제출하지 아니하게 할 수
있다.

　이러한 행정소송은 법원의 판단을 구해 공개를 거부당한 청구권자를
구제하는 방법으로서 구제의 공평성은 확보될지 몰라도 구제의 신속성
과 간편성은 결여된 제도이다. 이 제도는 정보공개제도 고유의 구제제
도와 병행하여 운영되는 경우가 많다(本田弘, 한규연 역, 1991: 162).

제3장 연구설계

제1절 분석의 틀

1. 분석의 초점

정책집행에 영향을 미치는 주요한 변수들을 규명하는 문제는 분석의 초점이나 범위에 따라 매우 다양하게 나타날 수 있다. 이에 본 연구는 행정정보공개제도의 집행범위를 정보공개법에서 이미 규정한 내용을 구체적으로 집행하는, 즉 법의 목적을 구체화하는 활동에 초점을 둔다.

한편, 행정정보공개제도의 집행은 계획된 바대로의 결과를 가져오기도 했지만 다른 한편으로는 많은 문제점이 집행과정에서 수반되었다. 그렇다면 왜 정책의 집행이 일부 성과가 있다는 평가를 받으면서도 동시에 많은 문제점들을 수반하게 되었는가? 이러한 문제점은 정책이 잘못 설계되어 있을 경우 아무리 집행을 잘 하더라도 그러한 설계상의 잘못으로 인해 발생할 수 있으며, 반면 정책이 잘 설계되었더라도 집행활동이 잘못됨으로 인해 발생할 수 있는 것이다.

이러한 판단을 올바르게 하기 위해서는 집행과정에 작용하는 요인들이 무엇인지를 분명히 확인하고, 이들 요인들 간의 상호작용을 정확히 탐색하는 것이 무엇보다도 중요하다. 이미 위에서 살펴본 바와 같이 그동안 정책집행의 영향요인에 관한 이론적·실증적 연구가 많이 이루어져 왔으나, 그 과정에서 집행에 영향을 주는 요인들도 다양하게 제시되고 있을 뿐만 아니라 이를 일률적으로 정리할 수 있는 틀이나 일관된 모형도 연구자의 입장이나 시각에 따라 서로 달리 나타나고 있었다.

대표적인 연구의 관점으로 하향적 접근방법과 상향적 접근방법을 들 수 있으나, 이러한 두 가지 접근방법이 가지는 각각의 시각은 자신들의 입장을 대변할 수 있는 요인들만을 강조하고 있을 뿐만 아니라 상대방의 연구업적을 상호 이용하지도 않고 있는 실정이다(송병주, 1993: 108). 따라서 각각의 접근방법들이 가진 이러한 약점들을 피하기 위해서는 이들 양자의 입장들을 종합할 필요가 있다. 이러한 종합적인 시각이 하향적 접근방법이나 상향적 접근방법이 각각 서로 달리 강조하는 집행요인들을 포괄적으로 종합하고 이들 간의 상호 관계를 면밀히 검토해야 한다는 제3세대 접근방법이다. 즉, 제3세대 접근방법을 통해 집행과정에서 어떤 요인들이 작용하고 있으며 이들 요인들 간의 관계가 어떻게 나타나는가를 세밀하게 기술해 나갈 수 있는 것이다.

따라서 본 연구에서는 이러한 종합적인 입장에서 정책집행에 영향을 미치는 요인들을 정리하고자 한다. 이를 통해 하향적 접근방법이나 상향적 접근방법이 안고 있는 상대적인 약점을 극복할 수 있을 것이며, 집행과정에서 실제로 무엇이 어떻게 작용하고 있는가를 체계적으로 설명할 수 있을 것이다. 또한 그 결과 집행과정 내부에서 일어나는 동태적인 모습을 빠짐없이 밝힘으로써 집행과정상의 잘못으로 인해 드러나는 문제점과 부작용을 설명할 수 있을 것이다.

2. 분석틀의 구성

정책집행모형은 정책집행현상을 체계적으로 분석하는 데 필요한 이론적 틀로서 정책을 집행하는 데 있어 고려할 변수들을 유기적으로 연계시켜 정책집행자에게 효율적인 정책집행을 위한 지침을 제공하는 역할을 한다(안해균, 1992: 304). 그러나 일반적으로 정책의 집행에는 많은 요인들이 작용하여 이를 촉진시키기도 하고 방해하기도 한다. 더욱이 이러한 요인들은 항상 동태적인 과정 속에서 상호작용을 하고 있기 때문에 이들 요인들의 작용은 대단히 복잡하다. 따라서 집행과정에 작용하는 모든 변수들을 한꺼번에 정리하기는 어려우므로 보다 체계적으로 주요 변수들을 정리하기 위해서는 집행요인들을 몇 가지의 범주로 구분하여 정리할 필요가 있다.

따라서 본 연구에서는 위에서 설명한 선행연구들을 바탕으로 행정정보공개제도의 집행에 영향을 미치는 요인에 관한 분석틀을 다음 [그림 3-1]과 같이 구성하고자 한다. [그림 3-1]에 나타난 분석틀은 이미 위에서 검토한 것처럼 하향적 접근방법과 상향적 접근방법을 종합한 입장에 따라 구성되었다. 이러한 종합적인 시각을 따르는 이유는 행정정보공개제도의 집행에 영향을 미치는 요인들을 파악하기 위해서는 양자의 접근방법이 가지고 있는 상대적인 장점들을 이용하는 것이 바람직스럽기 때문이다. 즉, 하향적 접근방법을 취하게 되면 정보공개 집행과정을 법령에 규정한 순서에 따라 파악할 수 있어 체계성을 확보할 수 있고, 상향적 접근방법을 취하게 되면 정보공개 집행과정에서 나타난 집행자들의 생각이나 태도 및 순응 정도 등을 확인할 수 있기 때문이다.

[그림 3-1] 행정정보공개제도의 집행 및 효과 분석모형

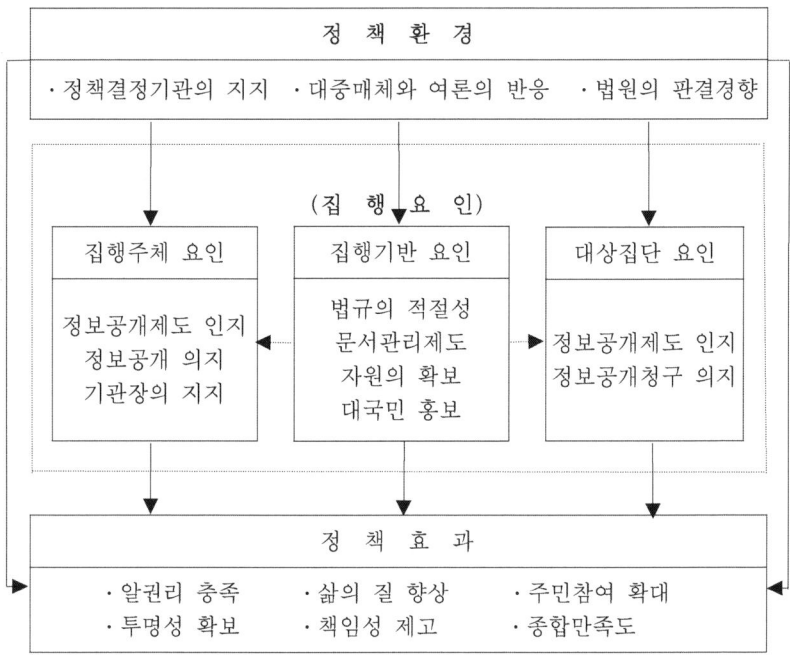

※ 범례: ┈┈┈┈▶ 미분석대상
         ━━━▶ 분석대상

　이와 같이 구성된 분석틀은 하향적 입장에서 행정정보공개제도의 내용이나 이것의 집행을 위해 인력과 자원을 운용하는 집행조직의 내외부적인 활동에 관여하는 요인 등을, 하향적 입장에서 잘 정리되지 않는 집행조직 내의 일선관료들의 활동이나 대상집단과의 관계 등을 상향적 입장에서 정리할 수 있게 하여 행정정보공개제도의 집행에 영향을 미치는 요인들을 포괄적으로 분석할 수 있는 특징을 지닌다고 할 수 있을 것이다. 이러한 분석틀을 구성하는 세부적인 내용은 다음과 같다.

1) 집행기반요인

정책집행이 목적을 달성하려면 정책결정단계에서부터 집행상의 제반 문제를 고려하려 합리적으로 정책내용이 결정되어야 한다. 정책내용이 잘 구성되어 있을 때 그렇지 않을 때보다 성공적인 집행이 이루어질 수 있기 때문이다. 본 연구에서는 정책집행요인 중 집행기반요인을 다음과 같이 들고자 한다.

첫째, 행정정보의 공개와 관련하여 정보공개법의 입법단계에서부터 많은 논란이 된 비공개대상정보의 범위, 행정기관의 공개거부의 구제와 관련한 구제수단, 정보공표의 도입, 그리고 정보공개 수수료의 부담 문제 등을 들 수 있다.

비공개대상정보의 범위에 관해 강경근(1999)은 "일반조항으로서 법령에 의한 비공개 가능성을 열어 둔 것은 법령의 형식을 빌어서 공공기관의 비공개에로의 도피를 제도적으로 보장해 준 것이다. 따라서 비공개대상정보를 정하는 문언이 특정적이고 명확하여야 한다"고, 성도경(1997)은 "공개예외는 필요한 최소한도로 인정하고 현실적으로 가능한 범위 내에서 공개제외 대상정보를 구체적·한정적으로 열거함으로써 행정관료의 자의적인 공개거부를 방지해야 한다"고, 김철수(1994)는 "국가기밀이나 프라이버시 침해사항을 제외하고 모든 정보를 공개해야 한다"고, 성낙인(1994)은 "정보공개법의 목적이 국민의 알권리의 최대한 보장이기 때문에 국가기밀의 존재이유가 국익보호의 차원에서 이해되어야 하기 때문에 국가기밀사항에 대한 객관적·실질적 인식이 가능한 범위 내로 한정되어야 할 것이다"라고 각각 주장하면서 비공개대상정보의 범위를 구체화하고 명확히 할 것을 강조하고 있다.

또한 공개거부의 구제수단에 대해서 강경근(1994)은 정보옴부즈만의 설치를 소망하였고, 홍준형(1994)은 현행 행정쟁송제도의 가구제제도의 불비와 이행소송이 불가한 단점을 지적하였으며, 구병삭(1989)은

행정심판 이외에 옴부즈만제도의 도입을 주장하였다. 그리고 청구공개
에 비해 보다 적극적인 정보공개의 형태로서 국민의 청구를 전제로 하
지 않고서도 일반국민들이 알아야 할 중요한 행정정보에 대해서는 행
정기관으로 하여금 국민들에게 공개를 의무화하는 것인 정보공표에 대
해서 이승종(1995)은 청구공개 위주로 제정되었던 미국의 초기 정보자
유법이 실질적인 정보공개 확대에 실패한 경우를 사례로 지적하면서
청구공개의 보장만으로는 정보청구에 필요한 시간, 지식 등의 비용이
나 공무원의 소극적 대응 등의 이유로 정보공개의 확산에는 한계가 있
는바, 향후 정보공개와 함께 정보공표의 활성화를 강조하면서 이를 위
해서는 공무원 스스로의 정보공표 노력을 의무화하고 장려하는 조치가
필요함을 주장하였다.

둘째, 행정정보공개제도가 효율적으로 추진되기 위해서는 제도 그
자체가 국민들이 이용하기 편리하게 잘 정비되어 있어야 한다. 표시열
(1999)은 "정보공개체제의 구축으로 인한 보유정보의 목록화 및 검색
시스템, 정보공개전담부서 및 보존장소 확충, 행정자료실의 확대와 공
개시설의 확보"등과 같은 정보공개시스템의 정비 필요성을 강조하였으
며, 강경근(1999)은 "체계적인 문서관리를 위해 정부문서처 내지 문서
자료실의 설치, 공개대상정보의 신속한 검색을 위한 컴퓨터 단말기의
설치" 등을 주장하였다. 성도경(1997)은 "공개대상정보의 정비, 정보공
개창구의 정비와 더불어 행정정보의 전자적 공개를 위한 정보공개운영
시스템의 정비" 등을 강조하였다. 본 연구에서는 문서관리제도의 정비
와 정보공개 시설의 충분성을 들고자 한다.

정보공개제도를 시행함에 있어서 가장 기본적으로 갖추어야 할 조건
은 정보공개 접수창구 및 담당인력 등과 같은 정보공개 전담기구의 설
치이다. 접수창구가 부실하게 운영되거나 담당직원이 없다면 정보공개
청구의 시작부터 잘못되게 되는 것이므로 국민들에게 정보공개와 관련
된 상담 및 제도의 취지에 대한 설명, 공개청구의 접수, 청구된 정보에

대한 일차적인 검토, 복수의 부처가 관련되는 경우 조정역할, 그리고
결과의 통지 등의 업무를 담당할 전담기구 및 인력의 배치가 필요한
것이다.

정보공개시스템이 마련되고 담당공무원이 있다고 하더라도 일반국민
들이 공공기관에 어떤 정보가 있는지를 알 수 없다면 정보공개제도의
활용은 상당히 어려워진다. 정보공개청구를 받은 기관이 이러한 점을
악용하여 보관된 정보 중에서 자신에게 유리한 정보만을 취사선택하여
공개하더라도 정보공개청구를 한 국민은 이를 알 수 없을 뿐만 아니라
주요문서목록 등이 없는 경우 공공기관은 자료가 없다는 이유로 청구된
정보를 비공개할 가능성이 있는 것이다. 따라서 주요문서목록 및 보존
문서 기록대장의 정비는 정보공개에 있어서 아주 중요한 사항이다.

또한 정보화가 진전되면서 사회 여러 분야에서 정보기술의 활용이
점차 확대되고 있으나 정보공개에 있어서는 아직 정보기술, 특히 인터
넷의 활용이 미미한 실정이다. 인터넷을 통하여 공공기관이 일반국민
들과 행정정보의 교환을 효율적으로 하기 위해서는 정보공개와 관련된
업무를 공공기관의 홈페이지에서 손쉽게 처리할 수 있도록 이를 구축
하고 관리할 필요가 있다. 미국의 경우 1996년부터 전자정보공개법을
시행하여 전자적인 정보의 검색과 공개를 가능하게 하고 있다.

셋째, 행정정보공개제도의 효율적인 집행을 위해서는 적절한 자원확
보가 무엇보다도 중요하다. 성도경(1997)이 "정보공개제도가 원활하게
실시되기 위해서는 정보목록작성, 구제절차 등에 따른 소송비용, 비밀유
지를 위한 비용, 공공기관의 정보공개제도에 인식제고, 국민들의 적극적
참여유도, 제도운영의 실태조사 및 그것을 토대로 한 공개정책의 수립
과 제도개선 등 사전정비작업과 관련업무를 전담하는 위원회 또는 기관
의 존재가 필요하므로 이에 필요한 인력과 예산이 확보되어야 한다"고
주장한 바와 같이 정책의 목표달성에 필요한 인력·예산 등의 가용자원
이 충분히 확보되지 않는다면 그 정책은 결코 성공할 수 없을 것이다.

일반적으로 정책이 실패한 것으로 평가될 때, 정책담당자들은 그 원인을 인력·예산 등의 자원부족의 탓으로 돌리는 경우가 흔히 있다. 따라서 수립된 정책에 그 정책의 집행에 필요한 자원의 확보를 강제하는 규정이 있느냐 없느냐는 정책의 성공과 실패에 큰 영향을 미친다.

넷째, 정보공개법이 정보공개의 실질적 확보를 위한 제도적 장치로 정착되기 위해서는 무엇보다도 일반국민들의 적극적인 정보공개제도의 활용이 전제되어야 할 것이다. 이에 대해 박동서(1999)는 "행정간행물 유통확대를 위한 보급망 확충, 행정정보 이용안내 책자 발간·배포, 그리고 정부보존 기록물에 대한 주기적 전시와 기록물 발간·배포 확대"를, 표시열(1999)은 "이해관계인을 포함한 일반국민들의 정보공개제도에 대한 적극적인 활용방안을 증대할 것"을, 성도경(1999)은 "유인물의 배포, 기록물 목록의 주기적인 발간·배포, 그리고 신문·방송 등 대중매체와 관보 등을 통한 정보공개제도의 이용방법 등에 대한 홍보의 강화"를, 강근복(1990)은 "국민에 대한 홍보부족으로 인한 정보공개제도가 잘 운영되지 않을 우려를 제기하며 정보공개제도의 내용, 절차, 이용방법에 대해 홍보가 제대로 이루어져야만 정보공개법의 입법취지를 살릴 수 있다"고 각각 주장하였다. 또한 경실련·참여연대 등의 시민단체에서도 정보공개제도에 대한 대국민 홍보가 현저히 부족함을 지적하고 있다(경실련, 1998; 참여연대, 1998).

2) 집행주체요인

성공적인 정책집행에 있어서 가장 중요한 위치에 있는 것은 결정된 정책의 구체적인 실현활동을 사실상 주도하는 집행주체이다. 집행주체가 의욕을 가지고 열심히 노력하면 집행상의 어려움을 어느 정도 극복할 수 있다. 즉 불분명한 정책내용, 부족한 자원, 정책결정자나 환경의 지지 부족 등 집행을 어렵게 하는 요소의 방해 정도를 집행주체의 노력에 따라 어느 정도 완화될 수 있다.

집행주체의 중요성에 대해 박동서(1999)는 "행정인들이 행정정보공개를 원칙적으로 선호하지 않는 행태로 인해 국정의 중요한 결정이 상당부분 비공개, 참여제한 및 토론이 제약된 상태에서 이루어져 온 실정이었다"고 하였으며, 정윤수(1999)는 "정보공개제도가 시행초기의 실수를 극복하고 정보공개제도의 근본취지를 달성하기 위해서는 국민과 공무원들의 정보공개에 대한 의식과 태도변화의 필요성과 더불어 특히 기관장의 정보공개의지의 고양이 중요하다"고 주장하였다. 표시열(1999)은 "정보공개법을 통한 정보의 공개는 현대민주사회의 눈부신 성과일 뿐만 아니라 일반시민이 적기에 정보를 요청, 수령할 수 있게 됨으로써 정부나 공무원에 대한 냉소적 불신을 반전시키는 역할이 기대되며, 이러한 정보공개법이 정착되기 위해서는 공무원의 인식변화를 위한 공무원 교육이 필요하다"고 하였으며, 성도경(1997)은 "정보공개법의 효과적인 운영을 위해서는 행정관료의 정보공개제도의 내용파악과 정보공개의지 함양과 더불어 행정관료의 저항을 극복해야 할 방안을 마련해야 한다"고 주장하였다. 또한 이승종(1991)도 "정보공개의 추진은 행정관료의 정보공개의지에 따라 그 성패가 좌우된다고 하여도 과언이 아니며, 정보공개제도의 도입이 실질적인 효과를 갖게 하기 위해서는 정보공개의 주체가 되어야 할 행정관료의 적극적인 공개의지 함양이 선행되어야 한다"고 강조하였다.

이는 집행주체의 정보공개에 대한 소극적인 의식이 정보공개제도의 확립을 저해하는 요소임과 동시에 그러한 집행주체의 의식을 변화시키고 정보공개제도의 내용을 정확하게 숙지할 수 있는 교육이 정보공개제도의 성공적인 집행을 위해 전제되어야 할 매우 중요한 사항임을 보여주는 것이다(경실련, 1998; 참여연대, 1998). 따라서 집행주체가 정책의 내용에 대해 가지는 태도가 어떠하며 또한 그것을 수행할 수 있는 전문적인 능력이 어느 정도이냐에 따라 정책의 성공여부가 좌우될 수 있다. 본 연구에서는 정책집행요인 중 집행주체요인으로 집행주체의 정보공개의지 및 정보공개제도 인지, 그리고 기관장의 정보공개의지 등을 들고자 한다.

집행주체가 자신이 맡은 업무에 대해 열성을 가지고 적극적인 태도로 임할 때 정책이 성공적으로 집행될 수 있다. 그러나 실제로 일선에서 업무를 담당하고 있는 집행담당자의 작업환경은 업무수행에 필요한 충분한 시간과 정보가 주어지지 않으며, 물리적 위협과 심리적 불안감 그리고 상위부서의 끊임없는 감독과 지시 속에서 이루어지고 있기 때문에 오히려 집행담당자가 업무의 수행을 회피하거나 저항하는 등의 소극적인 태도를 가지는 경우를 쉽게 찾아볼 수 있다. 이 경우 집행의 성과가 아주 낮게 된다.

또한, 비록 업무에 대한 열성이 높다고 하더라도 집행주체가 문제해결능력을 가지지 못하면 집행의 성과는 상당한 제약을 받게 된다. 이러한 집행주체의 능력은 다음과 같이 구분할 수 있다. 먼저 전문성과 판단력으로서 집행담당자는 복잡한 문제를 이해하고 처리할 수 있는 전문적인 능력을 구비할 뿐만 아니라 구체적인 사안에 따라 이에 신축성 있게 대응할 수 있는 처리능력도 중요하다. 다음으로 집행담당자의 리더쉽을 들 수 있다. 이러한 리더쉽은 두 가지로 요소로 구분할 수 있는 데 하나는 관리적인 능력이며, 다른 하나는 정치적인 능력이다. 관리적인 능력은 집행조직 내의 관리층에게 요구되는 것으로서 적절한 통제방법을 고안하여 예산집행의 효율성을 높이고 공무원들의 사기를 앙양하며 내부의 반대자들을 침묵시키는 능력을 지칭한다. 한편 정치적인 능력은 필요한 자원을 확보하고 상급기관의 지원을 얻어내며 관련단체의 도움을 받아내고 정책에 관여하는 여러 이익집단과의 협상과 조정을 수행하며 대상집단의 저항을 무마할 수 있는 능력을 말한다.

3) 대상집단요인

행정정보공개제도는 집행주체인 공무원의 소극적 대응 가능성뿐만 아니라 집행대상인 주민자신의 행정정보공개제도에 대한 무관심에 의해서도 그 실효성이 제한 받을 수 있다. 정보공개법이 정보공개의 실질적 확보를 위한 제도적 장치로서 정착되기 위해서는 무엇보다도 일반국민들의 적극적인 행정정보공개제도의 활용이 전제되어야 하는 것이다. 즉, 국민은 주권자로서 정보의 공개를 청구할 권리만이 있는 것이 아니라 정부가 제공하는 정보를 적극적으로 활용하여 알권리를 활성화시켜야 할 책임도 있는 것이다(성도경·박의상, 2001: 286).

표시열(1999)은 정보공개제도의 활성화를 위해서 "이해관계인을 포함한 일반국민들의 행정정보공개제도에 대한 적극적인 활용방안의 증대"가 필요하다고 하였으며, 정윤수(1999)는 "정보공개가 근본적인 취지를 달성하기 위해서는 국민의 의식과 태도의 변화 필요성"을 주장하였다. 행정정보공개제도가 내용이나 절차 등이 아무리 잘 제도화되어 있어도 국민들이 그 내용을 잘 이해하고 이용하지 않으면 정보공개법은 하나의 상징적 의미 외에는 아무런 의미가 없게 된다. 따라서 정보공개제도가 활성화되기 위해서는 행정정보공개제도와 국민들의 정보공개 청구의지가 유기적으로 연결되어야만 한다. 본 연구에서는 정책집행요인 중 대상집단요인으로 국민들의 정보공개 청구의지, 정보공개제도의 인지 등을 들고자 한다.

4) 정책환경요인

성공적인 정책집행에 영향을 미치는 중요한 요인 가운데 하나는 바로 정책의 외적인 변수인 정책환경 관련요인이다. 장태옥(2000)은 정책이행에 따르는 외적인 환경변수로 정치체제의 지지와 이해당사자들

의 관심, 그리고 여론의 지원 등을 들면서 정책의 효율적 집행을 위해
서는 정당정치와의 관계에 국한하지 않고 집행기관 간에 그리고 기관
내의 권력과 영향력의 양태와도 관련이 될 뿐만 아니라 의회와 정당의
간섭도 고려의 대상이 되어야 하는 정책집행의 정치적 접근을 강조하
고 있다. 또한 노화준(1998)은 정치행정적 분위기, 사회경제적 조건과
기술, 언론의 관심, 상위기관의 지원 등을 들고 있으며, 곽효문(1995)
은 여론, 정당, 이익단체, 국회 등 외부로부터의 압력의 정도와 시간적
요인을 들고 있다. 본 연구에서는 행정정보공개제도의 집행에 영향을
미치는 외적인 환경변수로서 대통령·의회 등 최고정책결정기관
(sovereign)의 지지, 대중매체의 관심과 여론의 반응, 법원의 판결경향
등을 들고자 한다.

정책집행의 성공적인 추진을 위해서는 대중매체의 지속적인 관심과
여론의 반응이 중요하다. 대중매체는 '제4의 정부(The forth branch of
Government)' (Carter, 1959)라고 할 만큼 사회의 제반 문제에 상당한
영향력을 행사하고 있는 것이 사실이다. 대중매체는 정책결정단계에서
부터 국민의 여론을 수렴하여 투입기능을 하며, 정책평가단계에서 정
책산출을 평가함으로써 다음의 정책결정과정에 환류시킬 뿐만 아니라
정책집행단계에서도 문제점을 수시로 점검함으로써 정책집행 실패요인
을 파악하여 집행주체로 하여금 집행과정에서 일어나는 장애를 조기에
극복하도록 노력하게 하는 등 보다 효율적인 집행방향을 제시해 주기
도 한다. 특히 여론을 일으키는 대중매체는 정책의 집행목적이나 취지
를 상세히 보도하고 정책의 중요성을 지속적으로 홍보함으로써 정책대
상집단의 행태 변화를 도출하는 데 중요한 역할을 수행한다. 또한 언
론은 정책문제를 사회적으로 우선순위가 높은 쟁점망(Issue Network)
에 머무르게 하고, 쟁점주기를 시간적으로 연장시켜 지속적인 사회문
제가 되게 한다(Cobb & Elder, 1983: 151).

정책에 대한 대중매체나 일반대중의 관심과 지지는 시간이 흐름에

따라 약화되고 새로운 문제에 관심을 갖게 된다. 그렇기 때문에 정책
지지자들은 기존의 단체를 통하거나 새로운 단체를 조직하여 정책집행
과정에 적극적으로 관여함으로써 그들이 요구하는 바를 이룩하고자 노
력한다. 최근 들어서 사회적으로 정보공개 문제에 대해 관심이 높아지
고 있고 정부의 정보공개가 적극적으로 전개됨에 따라 시민단체들이
활발하게 활동하는 경향을 보이고 있다. 시민단체들의 적극적인 활동
은 정보공개 문제를 국민적인 관심사로 부각시키며 언론과 함께 정부
로 하여금 적극적으로 정보공개를 하도록 압력을 가하는 역할을 수행
한다. 이와 같이 시민단체들이 어떤 정책을 지지하며 정치행정체제 내
로 요구와 지지의 투입을 활발히 할 때 정책집행을 성공적으로 유도할
수 있는 것이다.

　　Sabatier & Mazmanian(1981)이 지배기관(sovereign)[38]이라고 하였
던 대통령이나 국회 등과 같은 정책결정기관은 정책집행기관에 집행해
야 할 업무를 지시하고 그 집행에 필요한 각종 자원의 분배권한을 보
유하고 있다는 점에서 정책집행의 중요한 영향요인이라고 할 수 있다.
특히 우리나라의 경우 대통령이 특별히 관심을 가지는 정책은 대체로
성공적이다. 대통령의 개인 관심뿐만 아니라 대통령선거 시에 내건 자
신의 공약사업인 경우 더욱 중요한 영향을 미친다. 또한 입법기관인
국회도 입법권의 행사, 예산에 대한 심의의결 등과 같은 권한행사를
통하여 입법과정에서 정부의 의도에 많은 영향을 미친다. 그러나 국회
는 입법권의 행사에 있어서 행정부처보다 전문성이 부족하기 때문에
정치적인 분위기에 좌우되는 수동적인 성격을 띠는 경향이 있다.

---

38) 이들은 지배기관이 정책결정과정뿐만 아니라 정책집행과정에도 상당한 영
　　향력을 미친다고 강조하였다.

5) 정책효과

일반적으로 행정정보공개란 주민의 공개청구를 전제로 하는 소극적 의미의 정보공개 또는 청구공개와 공개청구를 전제로 하지 않고 정보 보유기관이 자발적 또는 의무적으로 보유정보를 공개하는 정보공표를 포함하는 넓은 의미로 해석된다. 따라서 행정정보공개제도란 국민이 국가나 지방자치단체 등 공공기관이 보유하고 있는 정보에 대하여 공개를 청구할 수 있는 권리를 보장하는 한편, 정부 등 공공기관이 보유하고 있는 정보를 국민에게 공개할 의무를 부여하는 제도를 뜻한다. 그렇다면 이와 같은 행정정보공개를 장려하기 위한 행정정보공개제도의 시행은 어떠한 효과를 가져오게 되는가? 이에 대해여는 일반적으로 알권리의 보장, 대의제 민주정치의 보완, 행정참여의 촉진, 행정신뢰의 확보, 부패방지, 봉사행정의 구현, 정부의 개방성 증대 등 다양한 효과들이 제시되고 있다. 그러나 이러한 구분은 불필요하게 상호 중복되는 면이 많아 본 연구에서는 일반적으로 논의되고 있는 알권리 충족, 삶의 질 향상, 행정참여 확대, 행정투명성 확보, 행정책임성 제고 등과 더불어 이러한 개별 정책효과의 통합효과성을 알아보기 위해 제도 운영상황에 대한 만족도와 제도 집행성과에 대한 만족도로 구분하여 정책효과를 측정하고자 한다.

행정정보공개제도는 정보공개의 확대를 통하여 주민의 알권리를 보장하여 준다. 어느 나라에서든 중앙이나 지방을 막론하고 정부는 주민의 정보에의 접근을 제한해 왔다. 그것은 정보란 정부의 행정수행을 위해서 생산된 것일 뿐 주민의 사용을 위하여 생산된 것은 아니라는 그릇된 암묵적 가정에 기초하는 것이었다(O'Neil, 1972). 그리하여 예외적으로 정부가 주민에게 정보를 공개하는 경우에도 그것은 주민의 권리를 보장하기 위한 정부의 대응으로서가 아니라 정부가 주민에게 베푸는 은전으로서 허락되었다. 뿐만 아니라 직접적인 이해당사자에 대하여 정보를 공개하는 경우에도 어떤 주민이 직접적인 이해당사자인 지에 대한 판단을 주민 개개인이 아닌 정부가 행함으로써 주민은 사실 상 필요한 정보로부터 차단되어왔던 것이다. 따라서 행정정보공개제도 는 정보의 소유자인 정부로 하여금 정보공개에 대한 의무를 지움으로 써 정부의 비밀주의 경향을 완화하고 정보가 보다 원활히 주민에게 제 공되도록 하는 효과를 가져올 것이다.

행정정보공개제도를 통하여 정보는 누구나 편하게 접근할 수 있는 장소나 시설에 합리적으로 정리·분류·저장되어 언제라도 손쉽게 사 용할 수 있을 것이며, 누구라도 어떠한 정보이든 간에 아무 장애 없이 자유로이 접근해서 자유로이 입수할 수 있을 것이며, 모든 분야에 걸 친 다양한 정보가 아무 제한 없이 아무 차별 없이 균등하게 자유로이 유통될 것이고, 정부가 보유한 정보를 포함해서 최대한으로 많은 정보 가 주민에게 공개되도록 정보의 독점을 막을 것이며, 정보의 자유로운 유통이나 자유로운 접근을 막는 여러 가지 장애는 제거될 것이기 때문 에, 이는 결국 주민의 삶의 질을 향상시키는 효과를 가져 올 것으로 기대된다.

행정정보공개제도는 행정에 대한 주민참여를 확대시키는 효과를 갖 게 될 것으로 기대된다. 주민이 행정과정에 참여하는 데 있어 가장 큰 제약요인 중의 하나로 흔히 지적되는 것이 바로 주민이 행정에 대한 충분한 정보를 가지지 못하고 있다는 것이다(Dornan, 1977). 정보를 가지지 못한 주민은 행정에 대해 무감각하게 되고 결국은 행정과정에 적극적으로 참여하지 않게 될 것이다. 그러나 만일 주민이 보다 많은 유용한 행정정보를 접할 수 있게 된다면 그 정보를 통하여 행정에 대 한 관심이 증대되고 또 보다 구체적인 목표의식을 가지고 행정관료들 과 접촉하여 그들의 요구를 행정과정에 투입시킬 수 있을 것이다. 그 러므로 행정정보공개제도는 정보공개의 확대를 통하여 주민참여를 확 대시키게 될 것이다. 이와 같은 행정정보공개제도의 주민참여 확대효

116

과는 특히 지방자치제의 활성화라는 관점에서 볼 때 중요하다. 주민의 적극적인 참여 없는 지방자치란 생각할 수 없는 것이기 때문이다.

행정정보공개제도는 행정투명성 확보 및 행정책임성[39]을 제고시키는 효과를 가져 올 것으로 기대된다. 정보공개는 행정과정을 보다 투명하게 함으로써 행정을 수행하는 공무원의 책임성을 제고시키게 되는 것이다. 정보의 외부로의 유출이 차단되어 있는 상황하에서는 소위 밀실행정이 횡행하게 되고 이에 따라 불법 부당한 가래가 이루어지기 십상이다. 이러한 비밀주의의 폐해에 대하여 윌슨은 "비밀은 부정을 의미한다. 그러나 공개는 정부를 정화시키는 요소이다"라고 단언한 바 있다. 결국 정보의 폐쇄로 인하여 외부로부터 차단되어 있는 정부는 필연적으로 부정부패와 비리의 온상이 될 수밖에 없는 것이다.

뿐만 아니라 정보의 비밀주의는 사회계층 간 거리를 확대 내지는 영속화시키는 폐해를 낳는다. 그것은 정보가 폐쇄 또는 독점화된 사회에서는 상위계층이 하위계층에 비하여 정보에의 접근이 훨씬 용이한 데서 기인한다. 지금껏 사회문제가 되고 있는 우리나라에서의 부동산 투기현상을 대기업을 포함한 일부 상위계층 집단의 특권적 정보독점이라는 요소를 배제하고는 설명하기 어렵다는 것이 좋은 예이다. 일반 주민에게는 공개되지 아니하는 정보를 상위계층 집단이 독점하여 부와 권력의 축적에 이용함으로써 오늘날 사회적 불평등 정도가 과거에 비해 현저히 악화된 데 기여하였던 것이다. 이와 관련하여 행정정보공개제도는 종래의 비밀주의를 보다 공개적인 분위기로 변화시킴으로써 비

---

39) 행정책임에 대한 개념정의는 일치하지는 않으나 행정책임은 행정인이 법령이나 규칙 등 객관적인 규범과 조직계층에 따른 상급자의 정당한 지시나 법령에 따라 행정을 수행해야 할 의무(행정책무:accountability), 행정인이 수임자 또는 공복으로서의 양심이나 도덕적 기준을 바탕으로 수행해야 할 광범한 도의적 책임(responsibility), 또는 민의에의 반응성(responsiveness) 등의 일부 또는 전부를 나타내는 개념으로 쓰인다(이광종, 1989: 30). 본 연구에서는 이들을 포괄하여 "객관적으로 인정되는 적법성 및 정당성의 확보를 위한 행정인의 의무"로 본다.

밀주의하의 폐해를 줄이고 행정책임성을 증대시키는 효과를 가져 올 것으로 기대된다.

제2절 조사 및 분석방법

1. 표본의 선정 및 조사방법

행정정보공개제도의 집행에 영향을 미치는 요인을 실증분석하기 위하여 비확률적 표본추출 방법 중에서 임의표본추출 방법과 판단표본추출 방법을 사용하지 않고 할당표본추출 방법을 사용하였다. 그 이유는 행정정보공개청구의 대상은 국가 및 지방자치단체, 기타 공공기관이나 이 모두를 조사대상으로 정하는 것은 너무 광범위하기 때문에 대상을 제한할 필요가 있으므로 사회과학조사에서 가장 널리 쓰이고 있는 할당표본추출 방법을 택하였다.

따라서 본 연구에서는 서울시 25개 구청 가운데 공개청구량이 많은 강남의 5개 구청과 강북의 5개 구청의 종합민원실 공무원과 해당 구청을 방문한 민원인을 조사대상으로 선정하였다. 공무원의 경우 사전조사를 통해 얻은 지식을 토대로 행정정보공개제도의 집행을 실질적으로 가장 많이 수행하고 있는 기초자치단체의 공무원으로 한정하였다. 물론 이러한 조사대상의 한정으로 인해 조사결과의 일반화에는 다소 한계가 있다고 생각될 수도 있다. 그러나 공무원의 경우 행정자치부의 지침에 따라 중앙행정기관뿐만 아니라 각 시·도 지방자치단체에서 매년 정기적으로 정보공개현황을 보고하고 있으며 또한 지방자치단체별로 그 업무의 성격이 크게 차이가 나지 않는 점을 고려해 볼 때, 다른 일선기관이나 지방자치단체 공무원의 의식과 행태 또한 본 연구에서 표본으로 추출한 대상과 큰 차이는 보이지 않을 것으로 판단된다. 또한 주민의 경우에 있어서도 조사대상이 전 국민에 대한 대표성을 지니는지에 대한 한계가 있을 수 있으나 행정정보공개제도가 전국적으로 같은 기준에 의해 동시에 실시되고 있는 제도인 관계로 해당 부서를 방문한 민원인들만을 대상으로 한 조사라 하더라도 조사결과의 해석의 일반화에는 큰 무리가 없을 것으로 판단된다.

설문조사과정은 먼저 설문문항의 신뢰성과 타당성을 검증하기 위한 사전조사를 한 연후에 본조사를 실시하였다. 설문조사는 조사자가 각 구청을 직접 방문하여 배포하여 회수하였으며, 각 기관에 공무원 15부, 주민 15부로 30부씩 총 300부를 배부하였다. 그 결과 공무원의 경우 145부가 회수되어 회수율은 97%, 주민은 147부가 회수되어 회수율은 98%로 총 293부가 회수되었다. 그러나 무응답한 경우와 응답내용이 불충분한 경우, 획일적으로 같은 번호를 선택한 7부를 제외한 286부를 최종분석자료로 활용하였다. 각 구청의 공무원과 주민에 대한 설문지의 구체적 회수내용은 다음의 [표 3-1]과 같다.

2. 설문의 내용 및 분석방법

설문은 기존에 시행되었던 설문조사항목을 수집하여 분석하고 관련 전문가와의 면담을 통해 작성하였다. 설문의 형식은 조사대상자의 일반적 특성에 관한 사항에 관한 질문을 제외하고는 모두 추상적·주관적 개념을 측정하기 위한 다양한 척도의 구성기법 중 가장 많이 활용되고 있는 등간척도의 하나인 리커트(Likert)척도를 사용하였고, 각 질문항목에 대한 응답은 5점 척도로 구성하였다.

[표 3-1] 설문지 배부 및 회수 결과

구 분	공 무 원			주 민		
	배 부	회 수	회수율(%)	배 부	회 수	회수율(%)
계	150	145	97	150	147	98
강남구	15	15	100	15	15	100
서초구	15	14	93	15	14	93
송파구	15	14	93	15	14	93
강동구	15	14	93	15	15	100
영등포구	15	15	100	15	15	100
종로구	15	14	93	15	15	100
중 구	15	15	100	15	14	93
동대문구	15	15	100	15	15	100
성북구	15	14	93	15	15	100
마포구	15	15	100	15	15	100

설문의 내용은 종속변수인 행정정보공개제도의 효과와 만족도에 관한 질문으로 7개의 항목이 사용되었고, 행정정보공개제도의 집행에 영향을 미치는 요인을 분석하기 위해 집행기반 관련요인에 관한 질문으로 11개의 항목이, 집행주체 관련요인에 관한 질문으로 8개의 항목이, 대상집단 관련요인에 관한 질문으로 4개의 항목이, 정책환경 관련요인에 관한 질문으로 3개의 항목이 각각 사용하였다. 설문지 구성의 자세한 내용은 [표 3-2]와 같다.

수집된 자료는 사회과학통계프로그램인 SPSS-WIN 통계패키지를 사용하여 빈도분석, t-test, 분산분석, 신뢰도 분석, 요인분석, 회귀분석 등의 분석방법을 실시하였다.

120

[표 3-2] 설문지의 구성

구 분			측정지표(설문)	설문문항	
				공무원	주민
종속 변수	행정정보 공개제도의 집행성과	행정정보공개제도의 효과	알권리 충족 정도 삶의 질 향상 정도 행정참여 확대 정도 행정투명성 확보 정도 행정책임성 제고 정도	1 2 3 4 5	1 2 3 4 5
		행정정보공개제도의 만족도	운영상황 만족도 전반적인 만족도	6 7	6 7
독 립 변 수	행정정보 공개제도의 집행요인	집행기반요인 / 문서관리제도 정비수준	접수창구 정비수준 정보공개청구서 및 정보공개편람의 정비수준 주요문서목록 및 보존문서 기록대장의 정비수준	8 9 10	8 9 10
		법규정의 적절성	법규정의 현실반영 정도 비공개대상정보의 적절성 수수료의 적절성	11 12 13	11 12 13
		대국민 홍보 정도	홍보책자에 의한 홍보 정도 반상회보에 의한 홍보 정도 전반적인 홍보 노력	14 15 16	14 15 16
		자원의 확보 정도	담당직원의 충분성 예산확보의 충분성	17 18	
		집행주체요인 / 제도인지 정도	전반적인 인지 정도 정보공개 절차의 인지 정도 공개 결정기준의 인지 정도	19 20 21	
		공개의지 정도	정보공개 지연 정도 정보공개 부담 정도 공개결정 판단의 곤란성	22 23 24	
		기관장의 지지 정도	기관장의 관심 정도 기관장의 지원 정도	25 26	
		대상집단요인 / 제도인지 정도	전반적인 인지 정도 정보공개 청구 절차		17 18
		청구의지 정도	정보공개 청구의지 정도 공공기관 운영의 관심도		19 20
		정책환경요인	정책결정기관의 지지 대중 매체와 여론의 반응 법원의 판결경향	27 28 29	21 22 23

3. 표본의 일반적 특성

설문조사 결과를 토대로 행정정보공개제도에 관한 인식과 영향요인을 분석하기 전에 본 조사는 어떠한 표본으로 구성되어 있는가를 고찰해 볼 필요가 있다. 표본의 특성에 따라 분석의 결과가 상이하게 나타날 수 있기 때문이다. 본 연구의 분석에 이용된 표본의 일반적 특성은 다음의 [표 3-3]과 같다.

1) 공무원

표본의 조사결과 공무원의 성별분포를 보면 남성공무원이 94명(67.1%), 여성공무원이 46명(32.9%)으로 남성공무원이 다소 많은데, 이는 지방자치단체 전체에서의 남성공무원과 여성공무원의 비율과 유사한 분포를 보여주고 있다.

공무원의 연령은 20대가 5명(3.6%), 30대가 68명(48.6%), 40대가 56명(40.0%), 50대 이상이 11명(7.8%)으로 30대와 40대가 가장 높은 비율의 분포를 보이고 있다.

학력은 고졸 이하가 25명(18.2%), 전문대졸 또는 대졸이 103명(75.2), 대학원 이상이 9명(6.6%)의 분포를 보여주고 있어 전반적으로 높은 학력 수준을 나타내 주고 있다.

[표 3-3] 표본의 특성

공무원			주 민		
개인변수		표본수	비율(%)	개인변수		표본수	비율(%)

공무원 개인변수		표본수	비율(%)	주민 개인변수		표본수	비율(%)
성 별	남	94	67.1	성 별	남	82	56.2
	여	46	32.9		여	64	43.8
연 령	20대	5	3.6	연 령	20대	27	18.5
	30대	68	48.6		30대	51	34.9
	40대	56	40.0		40대	49	33.6
	50대	10	7.1		50대	13	8.9
	60대 이상	1	0.7		60대 이상	6	4.1
학 력	고졸 이하	25	18.2	학 력	고졸 이하	55	37.9
	전문대 대졸	103	75.2		전문대 대졸	87	60.0
	대학원졸 이상	9	6.6		대학원졸 이상	3	2.1
직 급	5급	2	1.9	직 업	전문직	22	15.1
	6급	11	10.6		관리사무직	38	26.0
	7급	35	33.7		기술직	24	16.4
	8급	40	38.5		서비스 판매직	22	15.1
	9급	16	15.3		노 동	4	2.7
재 직 기 간	5년 이하	18	13.5		학 생	7	4.8
	6-10년	36	27.1		주 부	25	17.1
	11-15년	41	30.8		기 타	4	2.7
	16-20년	21	15.8				
	21-25년	13	9.8				
	30년 이상	4	3.0				

직급은 5급이 2명(1.9%), 6급이 11명(10.6%), 7급이 35명(33.7%), 8급이 40명(38.5%), 9급이 16명(15.3%)으로 나타나고 있는데, 7급과 8급 공무원의 비율이 상대적으로 높은 비율을 점하고 있다.

재직기간은 5년 이하가 18명(13.5%), 6-10년이 36명(27.1%), 11-15년이 41명(30.8%), 16-20년이 21명(15.8%), 20년 이상이 17명(12.8%)의 분포로 전체적으로 고른 분포를 보이고 있다.

2) 주 민

설문조사에 응답한 주민의 성별분포를 보면 남성이 82명(56.2%), 여성이 64명(43.8%)으로 남성이 약간 많은 분포를 보이고 있으나 과거에 비해 그 비율의 간격이 많이 좁혀졌다.

연령은 20대가 27명(18.5%), 30대가 51명(34.9%), 40대가 (33.6%), 50대 이상이 19명(13%)으로 나타나고 있는데, 공무원과 마찬가지로 30대와 40대가 높은 비율을 차지하고 있다.

학력은 고졸 이하가 55명(37.9%), 전문대졸 또는 대졸이 87명(60.0%), 대학원 이상이 3명(2.1%)의 분포를 보이고 있는데, 주민의 경우도 학력 수준이 과거에 비해 많이 높아졌다.

직업은 전문직이 22명(15.1%), 관리사무직이 38명(26.0%), 기술직이 24명(16.4%), 서비스판매직이 22명(15.1%), 노동직이 4명(2.7%), 학생이 4명(4.7%), 주부가 25명(17.1%), 기타 4명(2.7%)으로 관리사무직이 비율이 다소 높게 나타났다.

제3절 측정도구의 검증

1. 신뢰도 검증

신뢰도(reliability)란 동일한 개념에 대해 측정을 반복했을 때 동일한 측정값을 얻을 가능성을 말하는 것으로, 측정의 안정성, 일관성, 정확성 등과 관련된 개념이다(채서일, 1999: 267). 따라서 신뢰도 분석은 어떤 질문을 일정한 시간을 두고 계속할 경우 비슷한 답변이 계속되는지에 대해 판단하는 도구이다. 특히 이 분석은 요인분석의 결과 공통요인을 추출함에 있어서 공통요인의 추출이 제대로 되었는지에 대해 분석하는 매체로 흔히 사용되고 있다(허만형, 2001: 536).

이러한 자료의 신뢰도 측정방법은 대략 네 가지 방법이 있다. 첫째는 검사–재검사법(test-retest method)으로 동일한 상황에서 동일한 측정도구로 동일한 대상을 시간을 달리하여 두 번 측정하여 그 결과를 비교하는 것이고, 둘째는 복수양식법으로 최대한 비슷한 두 가지 형태의 측정도구를 동일한 표본에 차례로 적용하여 신뢰도를 측정하는 방법이다. 셋째는 반분법(split-half method)으로 측정도구를 임의로 반으로 나누어 각각 독립된 두 개의 척도를 사용함으로써 신뢰도를 측정하는 방법이며, 넷째는 내적 일관성(internal consistency) 방법으로 한 척도의 부분이 되는 문항들이 서로 유사한 반응값을 획득할 때 문항들의 내적 일치도를 확인하는 것이다. 이 계수를 'Cronbach's alpha(α)'라 한다.

Cronbach's α의 값은 0에서 1까지의 범위를 가지며 사회과학 분야에 있어서는 일반적으로 그 값이 0.6 이상이면 신뢰도 있는 측정도구로 간주하고 있다. 설문지를 통해 신뢰도를 측정할 경우에는 위에서 제시된 방법 가운데 네 번째인 내적 일관성을 확인하는 방법을 주로 사용한다. 본 연구의 자료 역시 설문항목이므로 Cronbach's α를 이용하여 설문항목들의 내적 일관성을 확인하였다.

이렇게 요인적재량이 0.4보다 작은 항목들을 제거하고 나머지 설문 항목으로 실시한 신뢰도 분석결과는 다음의 [표 3-4]와 같다.

[표 4-4]에서 나타난 바와 같이 당초 변수의 구성 설문항목들의 신 뢰도를 나타내는 Cronbach's α 계수가 모두 0.6 이상으로 나타나 본 연 구변수들의 측정을 위해 이를 구성하는 항목들에 대한 신뢰도는 유효 하다고 볼 수 있다.

[표 3-4] 신뢰도 분석결과

변 수			초기항목수	최종항목수	Cronbach' α
독립 변수	정책기반 요인	문서관리제도 정비수준	5	3	.8259
		법규정의 적절성	4	3	.6923
		대국민 홍보 정도	3	3	.7975
		자원의 확보 정도	2	2	.6318
	집행주체 요인	제도인지 정도	3	3	.6274
		공개의지 정도	3	3	.6944
		기관장의 지지 정도	2	2	.7833
	대상집단 요인	제도인지 정도	2	2	.7262
		청구의지 정도	2	2	.7005
	정책환경 요인		3	3	.6406
종속 변수	효과성		5	5	.7987
	만족도		2	2	.6841

2. 타당도 검증

타당도(validity)란 측정하고자 하는 개념을 얼마나 정확히 측정하였느냐 하는 문제로 평가방법에 따라 내용타당도(content validity), 기준에 의한 타당도(criterion-related validity), 개념타당도(construct validity)로 나누어 볼 수 있다(채서일, 1999: 267-268). 내용타당도는 측정도구 자체가 측정하고자 하는 속성이나 개념을 측정할 수 있도록 되어 있는 것을 평가하는 것이고, 기준에 의한 타당도는 특정한 변수 사이의 통계적인 관계를 규명하는 것이다. 개념타당도는 심리학적 특성의 측정과 관련된 개념으로 측정도구가 실제로 무엇을 측정하였으며, 측정하고자 하는 추상적인 개념이 실제로 측정도구에 의해 적절하게 측정이 되었는가에 관한 것이다. 이러한 개념타당도를 측정하는 방법으로는 다속성 다측정방법과 요인분석을 이용한 방법 등이 있다.

이상의 개념을 가지고 본 연구에서 사용된 측정변수의 타당도를 검증하기 위해 요인분석을 실시하였다. 요인분석이란 일련의 관측된 변수에 근거하여 직접 관측할 수 없는 요인을 확인하기 위한 것으로 관련 개념을 하나로 묶어주어 불필요한 항목을 제거할 수 있으며, 변수들의 특성을 파악할 수 있다. 이 관련 개념에 묶여지지 않는 변수는 다른 특성을 가지고 있음을 파악하여 관련 개념에 대한 측정의 타당도가 없다고 판단할 수 있는 기준을 제시해 준다. 더구나 요인분석을 통해 획득한 관련 항목들을 하나의 변수로 채택하면 그 항목들의 평균값을 통해 차후 회귀분석 등의 가설검증에 이용하게 된다.

사회과학연구에서 설문지의 타당도를 검증하는 통상적인 측정 도구는 베리맥스(Varimax) 방법에 의한 직교회전 방식을 사용하여 요인을 추출하는데 이 방식은 하나의 요인에 의해서만 높게 적재되는 변수의 수를 줄여주어 요인의 해석을 용이하게 해준다. 요인추출은 일반적으로 관측된 요인의 선형결합인 주성분 분석을 통해 아이겐 값

(eigenvalue)[40]이 1.0 이상인 것을 기준으로 하고, 요인적재량이 0.4 이상 되는 변수를 유의한 변수로 간주한다.[41] 본 연구 역시 이와 같은 방법을 사용하여 요인분석을 하였으며, 이들 측정항목들은 타당성이 있는 것으로 나타났다.

1) 행정정보공개제도의 집행성과에 대한 타당도 분석

본 연구의 종속변수인 행정정보공개제도의 집행성과를 측정하기 위한 7개 문항을 요인분석 한 결과 앞의 이론적 배경에서 논의한 바와 같이 2개의 요인으로 유형화되어, 지표로 사용된 설문문항들이 타당한 척도임이 확인되었다.

[표 4-5]에 나타난 바와 같이 알권리 충족, 삶의 질 향상, 행정참여 확대, 행정투명성 확보, 행정책임성 제고는 요인 1로 군집되었고, 운영상황의 만족도 및 전반적인 만족도가 요인 2로 군집되었다. 따라서 자료의 특성에 비추어 요인 1을 행정정보공개제도의 효과로, 요인 2를 행정정보공개제도의 만족도로 명명하여 앞으로의 분석에 사용하기로 하였다.

설명분산은 각 요인들의 설명력을 나타내는 값으로 [표 3-5]에 나타난 바와 같이 요인 1인 행정정보공개제도의 효과는 전체의 약 47.5% 정도를 설명하고 있고, 요인 2인 행정정보공개제도의 만족도는 15.4%

---

40) 아이겐 값은 요인이 설명해 줄 수 있는 분산의 정도를 의미하는 것으로 아이겐 값이 1이라는 것은 변수하나 정도의 분산을 축약하고 있다는 것이다. 즉, 아이겐 값은 각 인자의 변량의 크기를 나타내는 수치로서, 이이겐 값이 크면 클수록 그 인자가 전체 인자구조에서 차지하는 비중이 크다고 풀이할 수 있다.
41) 요인점수(factor score)를 이용하여 다른 통계기법에 적용하기 위해서는 정보손실이 적은 주성분 분석이 유리하고, 직각회전방식을 취해야만 요인점수들 간의 상관관계, 즉 다중공선성(multicolinearty)을 방지할 수 있기 때문이다.

정도의 설명력을 갖고 있다. 행정정보공개제도의 집행성과를 나타내는 총변량 가운데 이들 2개 요인에 의하여 62.9%가 설명되고 있다. 또한 아이겐 값은 각각 3.321, 1.081로 1.0 이상이다.

[표 3-5] 행정정보공개제도의 집행성과에 대한 요인분석 결과

변 수	요인 1	요인 2	공통성
알권리 충족 정도	.599	.540	.651
삶의 질 향상 정도	.619	.433	.570
행정참여 확대 정도	.803	.147	.667
행정투명성 확보 정도	.788	.010	.620
행정책임성 제고 정도	.698	.151	.510
운영상황의 만족도	.080	.826	.689
전반적인 만족도	.389	.737	.695
Eigenvalue	3.321	1.081	
설명분산(%)	47.445	15.443	
누적분산(%)	47.445	62.889	

주) 표준형성 적절성의 KMO 측도[42) : .789
　　Bartlett의 구형성 검증 유의확률 : .000

2) 집행기반요인에 대한 타당도 검증

행정정보공개제도의 집행에 영향을 미치는 독립변수로서의 집행기반 요인을 측정하기 위한 11개 문항을 요인분석 한 결과 앞의 이론적 배

---

42) KMO 값은 1에 가까울수록 요인분석의 의미가 높아지지만 최소한 0.5 이하로는 되지 않아야 한다. 이 값이 0.8 이상이면 우수한 정도이고, 0.7에서 0.8 사이이면 보통을 상회하는 정도이고, 0.6에서 0.7 사이이면 보통이며, 0.5에서 0.6까지는 부족하지만 받아들일 수 있는 수준이다(허만형, 2001 : 528).

경에서 논의한 바와 같이 4개의 요인으로 유형화되어, 지표로 사용된 설문문항들이 행정정보공개제도의 집행에 영향을 미치는 요인들을 측정하기 위한 타당한 척도임이 확인되었다.

[표 3-6]에 나타난 바와 같이 정보공개 접수창구 정비수준, 정보공개청구서 및 정보공개편람의 정비수준, 주요문서목록 및 보존문서기록대장의 정비수준이 요인 1로 군집되었고, 법규정의 현실반영 정도, 비공개대상정보의 적절성, 수수료의 적절성이 요인 2로 군집되었다. 그리고 홍보책자에 의한 홍보 정도, 반상회보에 의한 홍보 정도, 전반적인 홍보노력이 요인 3으로 군집되었으며, 담당직원의 충분성과 예산확보의 충분성이 요인 4로 군집되었다. 따라서 자료의 특성에 비추어 요인 1을 문서관리제도의 정비수준으로, 요인 2를 법규정의 적절성으로, 요인 3을 대국민 홍보 정도로, 요인 4를 자원의 확보 정도로 각각 명명하여 앞으로의 분석에 사용하기로 하였다.

요인 1인 문서관리제도의 정비수준은 행정정보공개제도의 집행에 영향을 미치는 집행기반요인을 약 24.1% 정도 설명하고 있고, 요인 2인 법규정의 적절성은 약 14.8% 정도 설명하고 있다. 그 다음으로 요인 3인 대국민 홍보 정도와 요인 4인 자원의 확보 정도는 각각 약 14.5%, 11.3% 정도의 설명력을 갖고 있어, 이들 4개의 요인이 집행기반요인을 나타내는 총변량 가운데 64.8%를 설명하고 있다. 또한 아이겐 값은 각각 2.656, 1.632, 1.593, 1.245로 1.0 이상이다.

[표 3-6] 행정정보공개제도의 집행기반에 대한 요인분석 결과

변 수	요인 1	요인 2	요인 3	요인 4	공통성
접수창구 정비수준	.781	.207	-.128	.013	.669
정보공개청구서 및 정보공개편람의 정비수준	.717	.226	-.199	-.114	.618
주요문서목록 및 보존문서 기록대장의 정비수준	.677	-.101	.053	.320	.573
법규정의 현실반영 정도	.048	.865	-.137	.121	.783
비공개대상정보의 적절성	.167	.847	-.040	.106	.758
수수료의 적절성	.385	.461	.169	-.348	.511
홍보책자에 의한 홍보 정도	-.040	-.070	.676	-.146	.486
반상회보에 의한 홍보 정도	.022	-.040	.803	.039	.648
전반적인 홍보노력	-.195	.024	.740	.076	.592
담당직원의 충분성	-.114	.174	-.060	.845	.760
예산확보의 충분성	.251	.097	.038	.815	.728
Eigenvalue	2.656	1.632	1.593	1.245	
설명분산(%)	24.144	14.837	14.483	11.315	
누적분산(%)	24.144	38.980	53.464	64.779	

주) 표준형성 적절성의 KMO 측도: .626
   Bartlett의 구형성 검증 유의확률: .000

3) 집행주체요인에 대한 타당도 검증

행정정보공개제도의 집행에 영향을 미치는 집행주체요인을 측정하기 위하여 전반적인 인지 정도, 정보공개 절차, 정보공개 결정기준, 정보공개 지연 정도, 정보공개 부담 정도, 공개결정 판단의 곤란성, 기관장

의 관심 정도, 기관장의 지원 정도 등 8개 문항을 사용하였는데, 위와 동일한 방법으로 이들 8개 문항에 대한 요인분석을 실시하여 집행주체요인이 어떻게 유형화되는가 살펴보았다.

[표 3-7]에서 볼 수 있듯이 요인분석 결과 요인 1에는 정보공개 지연 정도, 정보공개 부담 정도, 공개결정 판단의 곤란성이 군집되어 공개의지 정도로 명명하였고, 요인 2에는 전반적인 인지 정도, 정보공개 절차, 정보공개 결정기준이 군집되어 제도인지 정도로 명명하였다. 그리고 기관장의 관심 정도, 기관장의 지원 정도가 요인 3으로 군집되어 기관장의 지지 정도로 명명하였다.

요인 1인 공개의지 정도는 행정정보공개제도의 집행에 영향을 미치는 집행주체요인을 약 31.1% 정도 설명하고 있고, 요인 2인 제도인지 정도는 약 19.6% 정도 설명하고 있다. 그 다음으로 요인 3인 기관장의 지지 정도는 약 13.5% 정도의 설명력을 갖고 있어, 이들 3개의 요인이 집행주체요인을 나타내는 총변량 가운데 64.2%를 설명하고 있다. 또한 아이겐 값은 각각 2.486, 1.571, 1.080으로 1.0 이상이다.

[표 3-7] 행정정보공개제도의 집행주체에 대한 요인분석 결과

변 수	요인 1	요인 2	요인 3	공통성
전반적인 인지 정도	.215	.649	.215	.514
정보공개 절차	-.160	.778	.126	.647
정보공개 결정기준	-.206	.781	.085	.660
정보공개 지연 정도	.693	.032	-.138	.500
정보공개 부담 정도	.775	-.030	-.030	.602
공개결정 판단의 곤란성	.737	-.185	.031	.578
기관장의 관심 정도	-.117	.128	.892	.826
기관장의 지원 정도	.020	.228	.870	.809
Eigenvalue	2.486	1.571	1.080	
설명분산(%)	31.078	19.634	13.496	
누적분산(%)	31.078	50.712	64.207	

주) 표준형성 적절성의 KMO 측도: .660
　　Bartlett의 구형성 검증 유의확률: .000

4) 대상집단요인에 대한 타당도 검증

행정정보공개제도의 집행에 영향을 미치는 대상집단요인을 측정하기 위하여 전반적인 인지 정도, 정보공개 청구절차, 정보공개 청구의지 정도, 공공기관 운영의 관심도 등 4개 문항을 사용하였는데, 위와 동일한 방법으로 이들 8개 문항에 대한 요인분석을 실시하여 대상집단요인이 어떻게 유형화되는가 살펴보았다.

[표 3-8]에서 볼 수 있듯이 요인분석 결과 요인 1에는 정보공개 청구의지 정도, 공공기관 운영의 관심도가 군집되어 청구의지 정도로 명명하였고, 요인 2에는 전반적인 인지 정도, 정보공개 청구절차가 군집되어 제도인지 정도로 명명하였다.

요인 1인 청구의지 정도는 행정정보공개제도의 집행에 영향을 미치는 대상집단요인을 약 39.4% 정도 설명하고 있고, 요인 2인 제도인지 정도는 약 30.3% 정도의 설명력을 갖고 있어, 이들 2개의 요인이 대상집단요인을 나타내는 총변량 가운데 69.8%를 설명하고 있다. 또한 아이겐 값은 각각 1.577, 1.213으로 1.0 이상이다.

[표 3-8] 행정정보공개제도의 대상집단에 대한 요인분석 결과

변 수	요인 1	요인 2	공통성
전반적인 인지 정도	.050	.718	.517
정보공개 청구절차	-.080	.790	.631
정보공개 청구의지 정도	.886	.186	.820
공공기관 운영의 관심도	.877	-.233	.823
Eigenvalue	1.577	1.213	
설명분산(%)	39.428	30.337	
누적분산(%)	39.428	69.765	

주) 표준형성 적절성의 KMO 측도: .618
 Bartlett의 구형성 검증 유의확률: .000

5) 정책환경요인에 대한 타당도 검증

행정정보공개제도의 집행에 영향을 미치는 독립변수로서의 정책환경요인을 측정하기 위한 3개 문항을 요인분석 한 결과 앞의 이론적 배경에서 논의한 바와 같이 하나의 요인으로 유형화되어, 지표로 사용된 설문문항들이 행정정보공개제도의 집행에 영향을 미치는 요인들을 측정하기 위한 타당한 척도임이 확인되었다.

[표 3-9]에 나타난 바와 같이 정책결정기관의 지지, 대중매체의 관

134

심과 여론의 반응, 법원의 판결경향이 정책환경이라는 하나의 요인으로 묶였다. 약 58.3%의 설명력과 1.747의 아이겐 값을 지녔다.

[표 3-9] 행정정보공개제도의 정책환경에 대한 요인분석 결과

변 수	요인	공통성
정책결정기관의 지지	.758	.574
대중매체의 관심과 여론의 반응	.804	.646
법원의 판결경향	.726	.527
Eigenvalue	1.747	
설명분산(%)	58.247	
누적분산(%)	58.247	

주) 표준형성 적절성의 KMO 측도: .640
　　Bartlett의 구형성 검증 유의확률: .000

제4장 행정정보공개제도의 집행성과 및 집행·환경요인 분석

제1절 행정정보공개제도의 집행성과 분석

행정정보공개제도의 집행성과를 정확히 파악하기 위해서는 집행활동과 관련된 자료의 객관적 분석과 함께 정보보유자인 공무원과 정보공개 수요자인 주민 등 관련 당사자들이 갖고 있는 행정정보공개제도에 대한 인식을 살펴보아야 한다. 따라서 여기에서는 공무원과 주민을 대상으로 실시한 행정정보공개제도의 집행성과 전반에 관한 설문조사를 분석하였다.

먼저 공무원과 주민이 행정정보공개제도의 집행성과에 대하여 어떻게 생각하고 있는가를 비교론적 관점에서 살펴보고, 다음으로 공무원 집단 내에서 그리고 주민 집단 내에서 인구통계학적 특성에 따라 어떠한 차이를 나타내는가를 분석하였다. 이를 위하여 빈도분석과 t-test, 분산분석을 주로 사용하였다.

1. 행정정보공개제도의 효과 분석

일반적으로 행정정보공개란 주민의 공개청구를 전제로 하는 소극적 의미의 정보공개 또는 청구공개와 공개청구를 전제로 하지 않고 정보보유기관이 자발적 또는 의무적으로 보유정보를 공개하는 정보공표를 포함하는 넓은 의미로 해석된다. 따라서 행정정보공개제도란 국민이 국가나 지방자치단체 등 공공기관이 보유하고 있는 정보에 대하여 공개를 청구할 수 있는 권리를 보장하는 한편, 정부 등 공공기관이 보유하고 있는 정보를 국민에게 공개할 의무를 부여하는 제도를 뜻한다. 그렇다면 이와 같은 행정정보공개를 장려하기 위한 행정정보공개제도의 시행은 어떠한 효과를 가져오게 되는가? 이에 대해여는 일반적으로 알권리의 보장, 대의제 민주정치의 보완, 행정참여의 촉진, 행정신뢰의 확보, 부패방지, 봉사행정의 구현, 정부의 개방성 증대 등 다양한 효과들이 제시되고 있다. 그러나 이러한 구분은 불필요하게 상호 중복되는 면이 많아 여기서는 일반적으로 논의되고 있는 알권리 충족, 삶의 질 향상, 행정참여 확대, 행정투명성 확보, 행정책임성 제고 등 5가지로 대별하여 분석하였다.

[표 4-1]에 나타난 바와 같이 행정정보공개제도의 알권리 충족 효과에 대한 질문에 있어서 공무원은 상당한 '효과가 있다'라고 인식하고 있으나 반대로 주민은 '효과가 없다'라는 인식이 아직은 많은 편이었다. 이는 공무원의 경우 행정정보공개제도로 인하여 공개청구건수가 증가하고 있기 때문에 '효과가 있다'라는 답변이 많은 것이라 생각되며, 주민의 경우는 과거에 비해 '효과가 있다'라는 답변이 증가하였으나 아직까지 '효과가 없다'라는 반응이 다소 많았다.

알권리 충족 효과에 관한 인식의 정도 차이가 과연 그 차이에 있어서 유의미한 차이가 있는 것인지를 알아보기 위해 t-test를 실시한 결과, 공무원과 주민 양 집단 간의 인식의 차이가 상당한 정도의 유의미한 차이가 있음을 보여주고 있다($t=2.892$, $p=.004$).

[표 4-1] 알권리 충족 효과

구 분	전혀 효과가 없다	효과가 없다	보통이다	효과가 있다	매우 효과가 있다	평 균	합 계
공무원	1(0.7)	21(15.0)	61(43.6)	51(36.4)	6(4.3)	3.285	140(100)
주 민	1(0.7)	40(27.6)	67(46.2)	31(21.4)	6(4.1)	3.007	145(100)
합 계	2(0.7)	61(21.4)	128(44.9)	82(28.8)	12(4.2)		285(100)

※ t=2.892(p=.004)   ( ): %

[표 4-2]를 보면 행정정보공개제도의 삶의 질 향상 기여 정도에 대하여 공무원은 어느 정도 '도움이 된다'라고 평가를 하고 있는 데 반하여 주민들은 '도움이 안 된다'라는 평가와 '도움이 된다'라는 평가가 비슷하게 나왔다. 공무원은 도움(34.8%)과 매우 도움(2.9%)을 합하여 37.2%의 응답자가 '도움이 된다'라고 답변을 하였으나, 주민은 '도움이 된다'라는 답변이 28.8%, '도움이 안 된다'라는 답변이 28.1%로 비슷한 견해를 보이고 있다. 그러나 공무원들 중 '도움이 안 된다'라는 평가를 한 응답자도 무려 24.1%에 달하고 있다.

삶의 질 향상 효과에 관한 인식의 정도 차이가 과연 그 차이에 있어서 유의미한 차이가 있는 것인지를 알아보기 위해 t-test를 실시한 결과, 공무원과 주민 양 집단 간의 인식의 차이가 상당한 정도의 유의미한 차이가 있지 않음을 보여주고 있다(t=1.322, p=.187).

138

[표 4-2] 삶의 질 향상 효과

구 분	전혀 도움이 안 된다	도움이 안 된다	보통이다	도움이 된다	매우 도움이 된다	평 균	합 계
공무원	2(1.4)	32(22.9)	54(38.6)	48(34.3)	4(2.9)	3.143	140(100)
주 민	1(0.7)	40(27.4)	63(43.2)	40(27.4)	2(1.4)	3.014	146(100)
합 계	3(1.0)	72(25.7)	117(40.9)	88(30.8)	6(2.1)		286(100)

※ t=1.322(p=.187)   ( ): %

[표 4-3]은 행정정보공개제도로 인한 주민의 행정참여 확대 정도에 관한 것으로 삶의 질 향상 정도와 마찬가지로 공무원은 어느 정도 '확대된다'라고 평가를 하고 있는 데 반하여 주민들은 '확대되지 않는다'라는 평가와 '확대된다'라는 평가가 비슷하게 나왔다. 또한 공무원의 '확대되지 않는다'라는 반응 역시 25.1%로 다소 높은 비율을 차지하고 있다.

행정참여 확대 효과에 관한 인식의 정도 차이가 과연 그 차이에 있어서 유의미한 차이가 있는 것인지를 알아보기 위해 t-test를 실시한 결과, 공무원과 주민 양 집단 간의 인식의 차이가 상당한 정도의 유의미한 차이가 있지 않음을 보여주고 있다(t=1.373, p=.171).

[표 4-3] 행정참여 확대 정도

구 분	전혀 확대되지 않는다	확대된다	보통이다	확대된다	매우 확대된다	평균	합계
공무원	3(2.1)	32(23.0)	55(39.6)	45(32.4)	4(2.9)	3.108	139(100)
주 민	4(2.7)	45(30.8)	51(34.9)	44(30.1)	2(1.4)	2.966	146(100)
합 계	7(2.5)	77(27.0)	106(37.2)	89(31.2)	6(2.1)		285(100)

※ t=1.373(p=.171)   ( ): %

행정정보공개제도의 행정투명성 확보 효과에 대한 반응은 [표 4-4]
에 나타난 바와 같이 공무원과 주민의 반응이 다소 상반되게 나타났
다. 공무원의 경우 '효과가 있다'라는 응답이 41.0%를 차지하고 있는
반면 주민의 경우는 '효과가 없다'라는 응답이 43.8%를 차지하고 있다.
이는 주민들이 아직까지도 우리 사회에 부패가 만연하고 있다는 인식
과 같이 하고 있음을 보여주는 것이라 생각된다.

행정투명성 확보 효과에 관한 인식의 정도 차이가 과연 그 차이에
있어서 유의미한 차이가 있는 것인지를 알아보기 위해 t-test를 실시한
결과, 공무원과 주민 양 집단 간의 인식의 차이가 상당한 정도의 유의미한
차이가 있음을 보여주고 있다(t=2.174, p=.031).

[표 4-4] 행정투명성 확보 효과

구 분	전혀 효과가 없다	효과가 없다	보통이다	효과가 있다	매우 효과가 있다	평 균	합 계
공무원	6(4.3)	26(18.7)	50(36.0)	51(36.7)	6(4.3)	3.180	139(100)
주 민	12(8.2)	52(35.6)	32(21.9)	37(25.3)	13(8.9)	2.911	146(100)
합 계	18(6.3)	78(27.4)	82(28.8)	88(30.9)	19(6.7)		285(100)

※ t=2.174(p=.031)   ( ): %

행정정보공개제도의 행정책임성 제고 효과에 대한 반응은 [표 4-5]
에 나타난 바와 같이 공무원과 주민 모두 긍정적인 평가를 내리고 있
다. 하지만 공무원과 주민의 부정적인 반응도 각각 16.4%, 22.0%에 이
르고 있다.

행정책임성 제고 효과에 관한 인식의 정도 차이가 과연 그 차이에
있어서 유의미한 차이가 있는 것인지를 알아보기 위해 t-test를 실시한

결과, 공무원과 주민 양 집단 간의 인식의 차이가 상당한 정도의 유의
미한 차이가 있지 않음을 보여주고 있다(t=1.722, p=.086).

[표 4-5] 행정책임성 제고 효과

구 분	전혀 아니다	아니다	보통이다	그렇다	매우 그렇다	평 균	합 계
공무원	8(5.7)	15(10.7)	39(27.9)	68(48.6)	10(7.1)	3.407	140(100)
주 민	3(2.1)	29(19.9)	51(34.9)	59(40.4)	4(2.7)	3.219	146(100)
합 계	11(3.8)	44(15.4)	90(31.5)	127(44.4)	14(4.9)		286(100)

※ t=1.722(p=.086)   ( ): %

한편 행정정보공개제도의 효과에 대한 평가에 있어서 인구통계학적
특성에 따라 유의미한 차이를 보이는 가를 일원배치분산분석을 실시한
결과 공무원의 경우 연령별, 학력별, 직급별, 재직기간별로 유의미한
차이를 보이지 않았다. 주민의 경우도 다른 항목에서는 유의미한 차이
가 발견되지 않았으나 삶의 질에 관한 항목에 있어서는 학력이 높을수
록 삶의 질 향상에 도움이 된다는 평가경향을 보였다(F=2.925, p=
0.036).

2. 행정정보공개제도의 만족도 분석

행정정보공개제도의 집행성과에 대한 또 다른 측면은 만족도에 관한
것이라 할 수 있다. 여기서는 운영상황에 대한 만족도와 제도의 전반
적인 성과에 대한 만족도로 나누어 살펴보았다.

[표 4-6]과 [표 4-7]에 나타난 바와 같이 현행 행정정보공개제도의 운영상황에 대한 만족도와 제도 성과에 대한 만족도에 있어서 공무원이나 주민 모두 그렇게 만족하지 않은 것으로 나타나 문제점을 제기하고 있다. 주민이 공무원에 비하여 더 만족하지 않는 것으로 나타났는데, 공무원과 주민 간의 운영상황 만족도와 제도성과 만족도에 대한 인식차이는 각각 t=3.017, p=0.000; t=3.672, p=0.003으로 양 집단 간 그동안의 행정정보공개제도의 운영전반에 대한 평가가 상당한 차이가 있는 것으로 파악되었다. 특히, 양 집단의 응답들이 모두 행정정보공개제도의 효과에 비해 낮은 평균값을 기록하여 행정정보공개제도 당사자 모두 정보공개제도의 효과와 운영실태 간에 상당한 괴리감을 내포하고 있는 것으로 판단되며, 그러한 괴리현상은 주민집단의 경우 더욱 심한 것으로 나타났다.

[표 4-6] 운영상황 만족도

구 분	전혀 만족스럽지 않다	만족스럽지 않다	보통이다	만족스럽다	매우 만족스럽다	평 균	합 계
공무원	0(0.0)	45(32.4)	79(56.8)	13(9.4)	2(1.4)	2.798	139(100)
주 민	3(2.1)	69(47.3)	63(43.2)	11(7.5)	0(0.0)	2.652	146(100)
합 계	3(1.1)	114(40.0)	142(49.8)	24(8.4)	2(0.7)		285(100)

※ t=3.017(p=.000)　　　　　　　　　　　　　　　　( ): %

[표 4-7] 제도성과 만족도

구 분	전혀 만족스럽지 않다	만족스럽지 않다	보통이다	만족스럽다	매우 만족스럽다	평 균	합 계
공무원	2(1.4)	39(28.1)	68(48.6)	28(20.1)	2(1.4)	2.921	139(100)
주 민	4(2.7)	66(45.2)	62(42.5)	13(8.9)	1(0.7)	2.596	146(100)
합 계	6(2.1)	105(36.8)	130(45.6)	41(14.4)	3(1.1)		285(100)

※ t=3.672(p=.003)　　　　　　　　　　　　　　　　( ): %

한편 표본의 특성에 따른 분산분석의 결과 행정정보공개제도의 운영 상황에 대한 만족도와 제도성과에 대한 만족도에 대해 공무원의 경우에는 표본의 특성에 따른 차이가 없는 것으로 나타났으나, 주민의 경우는 학력별로 유의수준 0.05에서 운영상황에 대한 만족도와 제도성과에 대한 만족도에서 차어가 있는 것으로 나타났다. 즉, 학력이 높을수록 운영상황에 대한 만족도와 제도성과에 대한 만족도를 낮게 평가하고 있다(각각 $F=3.403$, $p=0.020$; $F=5.356$, $p=0.002$).

이상의 행정정보공개제도의 집행성과에 대한 분석결과를 [표 4-8]과 같이 정리할 수 있다.

[표 4-8] 행정정보공개제도의 집행성과 분석결과

구 분		평 균		t-값	p-값
		공무원	주 민		
효 과	알권리 충족	3.285	3.007	2.892	.004
	삶의 질 향상	3.143	3.014	1.322	.187
	주민참여 확대	3.108	2.966	1.373	.171
	행정투명성 확보	3.180	2.911	2.174	.031
	행정책임성 제고	3.407	3.219	1.722	.086
만족도	운영상황 만족도	2.798	2.562	3.017	.000
	제도성과 만족도	2.921	2.596	3.672	.003

제2절 집행기반요인 분석

행정정보공개제도의 집행에 영향을 미치는 요인들의 상대적 영향력을 분석하기 전에, 공무원과 주민이 이들 집행요인들에 대하여 갖고 있는 인식을 먼저 분석하였다. 공무원과 주민 간의 인식비교와 함께 인구통계학적 특성에 의한 인식의 차이를 살펴보기 위하여 빈도분석, t-test, 분산분석을 실시하였다.

행정정보공개제도의 집행에 영향을 미치는 요인들 중 집행기반요인은 크게 4개의 요인으로 분류할 수 있었다. 즉, 문서관리제도의 정비수준, 법규정의 적절성, 대국민 홍보 정도, 자원의 확보 정도가 그것이다.

먼저 문서관리제도의 정비수준을 측정하기 위한 변수로는 정보공개 접수창구 정비수준과 정보공개청구서 및 정보공개편람 정비수준, 그리고 주요문서목록 및 보존문서기록대장 정비수준 등으로 설문문항을 구성하였다.

다음으로 법규정의 적절성을 측정하기 위한 변수로는 법규정의 현실반영 정도, 비공개대상정보의 적절성, 수수료의 적절성 등으로 설문문항을 구성 하였다. 그리고 대국민 홍보 정도를 측정하기 위한 변수로는 홍보책자에 의한 홍보 정도, 반상회보에 의한 홍보 정도, 전반적인 홍보노력 등으로 설문문항을 구성하였다. 마지막으로 자원의 확보 정도를 측정하기 위한 변 수로는 담당직원의 충분성과 예산확보의 충분성으로 설문을 구성하였다.

문서관리제도의 정비수준과 법규정의 적절성, 대국민 홍보 정도 등 3개 요인의 설문은 공무원과 주민 모두에게 응답하도록 하였으나 자원 의 확보 정도에 관한 설문은 공무원만 응답하도록 설문을 구성하였다.

1. 문서관리제도의 정비

정보공개 접수창구 정비수준에 관한 인식을 분석한 결과 [표 4-9]에 나타난 바와 같이 공무원과 주민 간에 통계적으로 유의미한 차이가 있 음을 알 수 있다. 공무원의 경우 긍정적인 답변이 60.7%, 부정적인 답 변이 18.5%로 나타나 정보공개 접수창구가 잘 정비되어 있다는 평가 를 내리고 있음을 알 수 있다. 그러나 주민의 경우는 공무원과는 반대 로 부정적인 응답이 47.9%, 긍정적인 응답이 19.9%로 나타나 정보공 개 접수창구의 정비수준에 대하여 불만을 느끼고 있음을 알 수 있다.

[표 4-9] 접수창구 정비수준

구 분	전혀 아니다	아니다	보통이다	그렇다	매우 그렇다	평 균	합 계
공무원	3(2.1)	23(16.4)	29(20.7)	78(55.7)	7(5.0)	3.450	140(100)
주 민	5(3.4)	65(44.5)	47(32.2)	26(17.8)	3(2.1)	2.706	146(100)
합 계	8(2.8)	88(30.8)	76(26.6)	104(36.4)	10(3.5)		286(100)

※ t=7.099(p=.000)   ( ): %

정보공개 접수창구 정비수준에 관한 인식의 정도 차이가 과연 그 차이에 있어서 유의미한 차이가 있는 것인지를 알아보기 위해 t-test를 실시한 결과, 공무원과 주민 양 집단 간의 인식의 차이가 상당한 정도의 유의미한 차이가 있음을 보여주고 있다(t=7.099, p=.000).

정보공개 접수창구가 아예 마련되어 있지 않거나 마련되어 있다고 하더라도 부실하게 운영되거나 담당직원이 없다면 정보공개청구의 시작부터 잘못되게 되는 것이므로 국민들에게 정보공개와 관련된 상담 및 제도의 취지에 대한 설명, 공개청구의 접수, 청구된 정보에 대한 일차적인 검토, 복수의 부처가 관련되는 경우 조정역할, 그리고 결과의 통지 등의 업무를 담당할 전담기구 및 인력의 배치가 필요한 것이다.

[표 4-10]에 나타나 있듯이 정보공개청구서 및 정보공개편람의 정비수준 역시 정보공개 접수창구 정비수준에 관한 인식과 비슷한 경향의 인식의 차이를 보이고 있다. 공무원의 경우 43.9%가 긍정적인 평가를, 17.9%가 부정적인 평가를 하고 있다. 그러나 주민의 경우 15.8%만이 긍정적인 응답을 한 반면 43.1%가 부정적인 답변을 하고 있다.

[표 4-10] 정보공개청구서 및 정보공개편람 정비수준

구 분	전혀 아니다	아니다	보통이다	그렇다	매우 그렇다	평 균	합 계
공무원	2(1.4)	23(16.5)	53(38.1)	58(41.7)	3(2.2)	3.226	139(100)
주 민	5(3.4)	58(39.7)	60(41.1)	22(15.1)	1(0.7)	2.699	146(100)
합 계	7(2.5)	81(28.4)	113(39.5)	80(28.1)	4(1.4)		285(100)

※ t=5.970(p=.000)　　　　　　　　　　　　　　　( ): %

정보공개청구서 및 정보공개편람의 정비수준에 관한 인식의 정도 차이가 과연 그 차이에 있어서 유의미한 차이가 있는 것인지를 알아보기 위해 t-test를 실시한 결과, 공무원과 주민 양 집단 간의 인식의 차이가 상당한 정도의 유의미한 차이가 있음을 보여주고 있다(t=5.970, p=.000).

이는 정보공개청구서의 경우 대부분의 공공기관이 일단 비치는 하고 있기 때문에 공무원의 경우 긍정적인 평가가 많은 것으로 생각되며, 반면 비치는 되어 있으나 눈에 잘 띄는 곳에 비치하고 있지 않기 때문에 주민의 경우는 부정적인 평가를 많이 하고 있는 것으로 사료된다.

주요문서목록 및 보존문서기록대장 정비수준에 관한 공무원과 주민 양 집단의 인식을 분석한 결과 [표 4-11]에 나타난 바와 같이 주민이 공무원보다 다소 부정적인 평가를 하고 있음을 알 수 있다. 공무원의 경우 긍정적인 응답이 30.0%, 부정적인 응답이 30.7%로 비슷한 경향을 보이고 있다. 그러나 주민의 경우 긍정적인 답변이 13.7%에 불과한 반면 부정적인 답변이 50.7%에 이르고 있어 주요문서목록 및 보존문서기록대장 정비수준에 대하여 상당한 불만을 느끼고 있음을 알 수 있다.

[표 4-11] 주요문서목록 및 보존문서기록대장 정비수준

구 분	전혀 아니다	아니다	보통이다	그렇다	매우 그렇다	평 균	합 계
공무원	2(1.4)	41(29.3)	55(39.3)	40(28.6)	2(1.4)	2.993	140(100)
주 민	5(3.4)	69(47.3)	52(35.6)	19(13.0)	1(0.7)	2.603	146(100)
합 계	7(2.4)	110(38.5)	107(37.4)	59(20.6)	3(1.0)		286(100)

※ t=4.070(p=.000)   ( ) : %

주요문서목록 및 보존문서기록대장 정비수준에 관한 인식의 정도 차이가 과연 그 차이에 있어서 유의미한 차이가 있는 것인지를 알아보기 위해 t-test를 실시한 결과, 공무원과 주민 양 집단 간의 인식의 차이가 상당한 정도의 유의미한 차이가 있음을 보여주고 있다(t=4.070, p=.000).

정보공개시스템이 마련되고 담당공무원이 있다고 하더라도 일반국민들이 공공기관에 어떤 정보가 있는지를 알 수 없다면 정보공개제도의 활용은 상당히 어려워진다. 정보공개청구를 받은 기관이 이러한 점을 악용하여 보관된 정보 중에서 자신에게 유리한 정보만을 취사선택하여 공개하더라도 정보공개청구를 한 국민은 이를 알 수 없을 뿐만 아니라 주요문서목록 등이 없는 경우 공공기관은 자료가 없다는 이유로 청구된 정보를 비공개 할 가능성이 있는 것이다. 따라서 주요문서목록 및 보존문서 기록대장의 정비는 정보공개에 있어서 아주 중요한 사항이므로 이에 대한 철저한 정비가 이루어져야 할 것이다.

한편 문서관리제도의 정비수준에 대한 평가에 있어서 인구통계학적인 특성에 따라 유의미한 차이를 보이는가를 알아보기 위해 일원배치 분산분석을 실시한 결과 공무원의 경우 다른 항목에서는 유의미한 차이가 발견되지 않았으나 정보공개청구서 및 정보공개편람 정비수준에

관한 항목에서는 연령이 높을수록 정비가 잘 되어 있다는 평가경향을 보였다(F=2.958, p=.022). 주민의 경우도 다른 항목에서는 유의미한 차이가 발견되지 않았으나 주요문서목록 및 보존문서기록대장의 정비수준에 대한 항목에 있어서는 연령이 낮을수록 정비수준에 불만이 있는 것으로 나타났다(F=5.010, p=.001).

2. 법규정의 적절성

법규정의 현실반영 정도에 관한 인식을 분석한 결과는 [표 4-12]에 나타나 있듯이 통계적으로 유의미한 차이가 있음을 알 수 있다. 공무원의 경우 21.6%가 법규정이 현실을 제대로 반영하고 있지 않다고 생각하고 있을 뿐 40.5%는 법규정이 현실을 잘 반영하고 있다고 생각하여 현실과의 괴리가 크지 않음을 보여주고 있다. 그러나 주민의 경우 13.1%만이 법규정이 현실을 잘 반영하고 있다고 생각할 뿐 48.9%가 법규정이 현실을 제대로 반영하지 못하고 있다고 응답하여 대다수가 법규정에 불만이 있는 것으로 나타났다.

[표 4-12] 법규정의 현실반영 정도

구 분	전혀 아니다	아니다	보통이다	그렇다	매우 그렇다	평 균	합 계
공무원	1(0.7)	29(20.9)	61(43.9)	41(29.5)	7(5.0)	3.173	139(100)
주 민	7(4.8)	64(44.1)	55(37.9)	19(13.1)	0(0.0)	2.593	145(100)
합 계	8(2.8)	93(32.7)	116(40.8)	60(21.1)	7(2.5)		284(100)

※ t=6.020(p=.000)   ( ): %

법규정의 현실반영 정도에 관한 인식의 정도 차이가 과연 그 차이에
있어서 유의미한 차이가 있는 것인지를 알아보기 위해 t-test를 실시한
결과, 공무원과 주민 양 집단 간의 인식의 차이가 상당한 정도의 유의
미한 차이가 있음을 보여주고 있다(t=6.020, p=.000).

이처럼 법규정의 현실반영 정도에 있어서 인식의 차이가 나는 것은
바로 법규정 중 가장 문제시되고 있는 비공개대상정보의 적절성에 관
한 것과 수수료의 적절성에 관한 것 때문임을 다음의 분석을 통해서
알 수 있다.

[표 4-13]은 비공개대상정보의 적절성 여부에 관한 인식의 차이가
존재하고 있음을 여실히 보여주고 있다. 전체적으로 볼 때는 공무원
(32.4%)과 주민(51.0%) 모두 비공개대상정보가 적절치 못하다고 인식
하고 있다는 것을 알 수 있다. 그러나 공무원보다는 주민이 더욱더 부
정적인 평가를 하고 있다.

[표 4-13] 비공개대상정보의 적절성

구 분	전혀 아니다	아니다	보통이다	그렇다	매우 그렇다	평 균	합 계
공무원	4(2.9)	41(29.5)	60(43.2)	33(23.7)	1(0.7)	2.899	139(100)
주 민	6(4.1)	68(46.9)	53(36.6)	17(11.7)	1(0.7)	2.579	145(100)
합 계	10(3.5)	109(38.4)	113(39.8)	50(17.6)	2(0.7)		284(100)

※ t=3.371(p=.001)   ( ): %

비공개대상정보의 적절성 여부에 관한 인식의 정도 차이가 과연 그
차이에 있어서 유의미한 차이가 있는 것인지를 알아보기 위해 t-test를
실시한 결과, 공무원과 주민 양 집단 간의 인식의 차이가 상당한 정도
의 유의미한 차이가 있음을 보여주고 있다(t=3.371, p=.001).

이는 비공개대상정보에 대해 주민이 잘 모르고 있는 이유도 있겠지만 더욱 중요한 이유는 비공개대상정보가 지나치게 포괄적이기 때문이다. 특히 정보공개법의 비공개대상정보에 관한 규정을 살펴보면 특징적으로 나타나는 것이 '이익을 해할 우려', '중대한 이익', '상당한 이유', '현저한 지장', '정당한 이익', '인정할 만한' 등의 불확정 법률개념을 지나치게 많이 사용하고 있다는 점이다. 이러한 점 때문에 비공개대상정보의 적절성에 관해 주민들이 부정적인 평가를 하게 하는 주요한 원인이 되는 것이다. 반면 정보보유자인 공무원의 입장에서는 이를 판단하기가 쉽지 않기 때문에 이들이 정보공개청구에 미온적으로 대응하게 만드는 요인이 될 수도 있기 때문에 부정적인 평가를 하는 것으로 판단된다.

수수료의 적절성 여부에 대해서는 [표 4-14]에 나타난 바와 같이 공무원(27.7%)과 주민(40.8%) 모두가 현행 행정정보공개제도의 수수료가 적절치 못한 것으로 인식하고 있다. 수수료의 적절성 여부에 관한 인식의 정도 차이가 과연 그 차이에 있어서 유의미한 차이가 있는 것인지를 알아보기 위해 t-test를 실시한 결과, 공무원과 주민 양 집단 간의 인식의 차이가 상당한 정도의 유의미한 차이가 있음을 보여주고 있다(t=2.778, p=.006).

[표 4-14] 수수료의 적절성

구 분	전혀 아니다	아니다	보통이다	그렇다	매우 그렇다	평 균	합 계
공무원	5(3.6)	33(24.1)	64(46.7)	33(24.1)	2(1.5)	2.956	137(100)
주 민	8(5.6)	50(35.2)	65(45.8)	17(12.0)	2(1.4)	2.683	142(100)
합 계	13(4.7)	83(29.7)	129(46.2)	50(17.9)	4(1.4)		279(100)

※ t=2.778(p=.006)   ( ): %

그러나 이 응답결과에 대해서 수요자인 입장인 주민의 '적절하지 않
다'는 의미와 공급자의 위치인 공무원의 '적절하지 않다'는 의미를 과
연 어떻게 해석해야 할 것인지에 대한 문제가 제기되어질 수 있다. 이
를 행정정보공개제도의 본래 입법취지에 맞게 제도가 추구하고자 하는
목적에 근거하여 규범적으로 해석한다면 공무원과 주민 모두의 응답결
과를 정보공개 수수료가 더욱 저렴해지기를 원하는 입장으로 동일하게
해석하여도 무방하겠으나, 공무원에 대한 설문조사와 더불어 이루어진
면담조사의 결과에 의하면 공무원의 대부분이 수수료가 너무 저렴하다
는 점에서 의견이 일치되고 있었음을 고려할 때 공무원과 주민의 입장
이 상반되는 것으로 해석할 수밖에 없다고 여겨진다. 이로써 정보공개
수수료 징수의 적절성 여부에 대한 문제는 주민의 입장에서는 정보공
개청구의 장애요소로, 공무원의 입장에서는 업무의 간이화를 기할 수
있는 수단으로 작용되어질 수도 있다고 보여진다. 따라서 수수료 징수
와 관련된 폐단을 제거하고 나아가 정보공개의 활성화를 위해서는 주
민에게는 부적절한 목적의 불필요한 정보공개청구의 자제[43]를, 공무원
에게는 수수료의 징수가 업무의 간이화와 비공개를 위한 수단으로 작
용하지 않도록 제도적 보완이 이루어져야 필요가 있다고 판단된다.

한편 법규의 적절성에 대한 평가에 있어서 인구통계학적인 특성에
따라 유의미한 차이를 보이는가를 알아보기 위해 일원배치분산분석을
실시한 결과 공무원의 경우 수수료의 적절성 항목에서는 유의미한 차
이가 발견되지 않았으나 법규정의 현실반영 정도 및 비공개대상정보의
적절성에 관한 항목에서는 연령이 높을수록 적절하다는 평가경향을 보
였다(F=3.419, p=.011; F=2.620, p=.038). 주민의 경우도 다른 항목
에서는 유의미한 차이가 발견되지 않았으나 법규정의 현실반영 정도에
대한 항목에 있어서는 연령이 낮을수록 불만이 높은 것으로 나타났다

---

43) 공무원과의 면담조사 결과에 의하면 공무원 대부분이 주민들의 지나치게
　　과다한 불필요한 정보요구에 대해 불만을 있음을 알 수 있었다.

$(F=3.950,\ p=.005)$.

3. 대국민 홍보

행정정보공개제도의 집행에 영향을 미치는 정책내용 관련요인 중 대국민 홍보와 관련하여 공무원과 주민 양 집단 모두에게 홍보책자에 의한 홍보 정도, 반상회보에 의한 홍보 정도, 전반적인 홍보노력 등에 대해 질문을 한 결과 공무원은 전체적으로 긍정적인 응답을 한 반면 주민은 부정적인 응답을 하여 정보공개 당사자 간의 태도가 상반되는 것으로 나타났다.

[표 4-15] 홍보책자에 의한 홍보 정도

구 분	전혀 아니다	아니다	보통이다	그렇다	매우 그렇다	평 균	합 계
공무원	2(1.5)	34(25.0)	39(28.7)	56(41.2)	5(3.7)	3.206	136(100)
주 민	19(13.0)	71(48.6)	29(19.9)	27(18.5)	0(0.0)	2.438	146(100)
합 계	21(7.4)	105(37.2)	68(24.1)	83(29.4)	5(1.8)		282(100)

※ $t=6.961(p=.000)$ ( ): %

[표 4-15]에 나타난 바와 같이 홍보책자에 의한 홍보 정도에 대한 공무원과 주민 간의 통계적으로 유의미한 차이가 존재함을 보여주고 있다. 공무원의 경우 44.9%가 긍정적인 응답을 하고 있으나 주민의 경우 61.6%가 부정적인 응답을 하고 있어 정반대의 경향을 드러내고 있음을 알 수 있다.

홍보책자에 의한 홍보 정도에 관한 인식의 정도 차이가 과연 그 차이에 있어서 유의미한 차이가3 있는 것인지를 알아보기 위해 t-test를 실시한 결과, 공무원과 주민 양 집단 간의 인식의 차이가 상당한 정도의 유의미한 차이가 있음을 보여주고 있다(t＝6.961, p＝.000).

또한 반상회보에 의한 홍보 정도에 관한 인식의 차이도 [표 4-16]에 나타난 것과 같이 공무원과 주민 간의 인식의 차이가 상반된 경향을 보이고 있다. 공무원의 경우 39.6%가 긍정적인 응답을 하고 있으나 주민의 경우 58.9%가 부정적인 응답을 하고 있다.

[표 4-16] 반상회보에 의한 홍보 정도

구　분	전혀 아니다	아니다	보통이다	그렇다	매우 그렇다	평　균	합　계
공무원	1(0.7)	25(18.7)	55(41.0)	51(38.1)	2(1.5)	3.209	134(100)
주　민	16(11.0)	70(47.9)	24(16.4)	36(24.7)	0(0.0)	2.548	146(100)
합　계	17(6.1)	95(33.9)	79(28.2)	87(31.1)	2(0.7)		280(100)

※ t＝6.179(p＝.000)   ( ): %

반상회보에 의한 홍보 정도에 관한 인식의 정도 차이가 과연 그 차이에 있어서 유의미한 차이가 있는 것인지를 알아보기 위해 t-test를 실시한 결과, 공무원과 주민 양 집단 간의 인식의 차이가 상당한 정도의 유의미한 차이가 있음을 보여주고 있다(t＝6.179, p＝.000).

이러한 인식의 차이는 [표 4-17]의 전반적인 홍보노력 정도에 관한 인식 차이에도 그대로 나타나고 있다. 공무원의 경우 33.6%가 긍정적인 평가를 한 반면 주민의 경우 57.6%가 부정적인 평가를 하고 있다.

[표 4-17] 전반적인 홍보노력 정도

구 분	전혀 아니다	아니다	보통이다	그렇다	매우 그렇다	평 균	합 계
공무원	1(0.7)	21(15.3)	69(50.4)	44(32.1)	2(1.5)	3.183	137(100)
주 민	9(6.2)	75(51.4)	43(29.5)	19(13.0)	0(1.4)	2.493	146(100)
합 계	10(3.5)	96(33.9)	112(39.6)	63(22.3)	2(0.7)		283(100)

※ t=7.564(p=.000)   ( ): %

이러한 대국민 홍보와 관련된 변수의 공무원과 주민 간의 t-test 결과도 유의미한 차이가 있음을 보여주고 있다(t=7.564, p=.000). 이러한 결과는 공공기관 나름대로는 홍보책자, 반상회보, 지역언론매체 등을 통한 홍보를 하고는 있지만 대다수의 주민들이 행정정보공개제도를 인지할 수 있을 정도의 홍보효과는 제대로 달성하지 못하고 있는 데 기인하는 것이라 판단된다. 특히 행정정보공개제도에 대한 공공기관의 많은 노력에도 불구하고 전반적인 홍보노력에 대한 응답이 평균 2.439 밖에 되지 않는 것은 행정정보공개제도의 홍보방법의 변화 필요성을 제기하고 있다.

한편 대국민 홍보에 대한 평가에 있어서 인구통계학적인 특성에 따라 유의미한 차이를 보이는가를 알아보기 위해 일원배치분산분석을 실시한 결과 공무원의 경우 모든 항목에서 연령별, 학력별, 직급별, 재직기간별로 유의미한 차이가 발견되지 않았다. 주민의 경우도 다른 항목에서는 유의미한 차이가 발견되지 않았으나 반상회보에 의한 홍보에 대한 항목에 있어서는 연령이 낮을수록 불만이 높은 것으로 나타났다(F=2.787, p=.029).

4. 자원의 확보

행정정보공개제도의 집행에 영향을 미치는 정책내용 관련요인 중 자원의 확보와 관련하여 공무원에게만 정보공개 담당직원의 충분성과 정보공개 관련 예산확보의 충분성에 대하여 질문을 한 결과, [표 4-18]이 그 결과를 요약하여 제시하여 주고 있다.

[표 4-18]에서 나타나듯이 정보공개 담당직원의 충분성과 정보공개 관련 예산확보의 충분성 모두에 있어서 공무원들은 긍정적인 응답과 부정적인 응답이 비슷한 비율을 보여주고 있다. 즉 자원의 확보와 관련하여 중립적인 입장을 취하는 모습을 보이고 있음을 알 수 있다. 이는 문서관리제도의 정비수준과 대국민 홍보노력 정도에 대한 주민의 다소 부정적인 평가를 고려한다면 앞으로 좀 더 자원의 확보 필요성이 있음을 제기하고 있다고 할 수 있을 것이다.

[표 4-18] 자원의 확보 정도

구 분	전혀 아니다	아니다	보통이다	그렇다	매우 그렇다	평 균	합 계
담당직원의 충분성	10(7.2)	30(21.6)	60(43.2)	34(24.5)	5(3.6)	2.957	139(100)
예산확보의 충분성	1(0.7)	35(25.9)	67(49.6)	30(22.2)	2(1.5)	2.978	135(100)

※ ( ): %

한편 자원의 확보 정도에 대한 평가에 있어서 인구통계학적인 특성에 따라 유의미한 차이를 보이는가를 알아보기 위해 일원배치분산분석을 실시한 결과 예산의 충분성 항목에서는 연령별, 학력별, 직급별, 재직기간별로 유의미한 차이가 발견되지 않았으나 담당직원의 충분성 항목에 있어서는 학력이 높을수록 그리고 직급이 낮을수록 충분하지 않은 것으로 평가하고 있다(F=3.576, p=.031; F=2.460, p=.038).

제3절 집행주체요인 분석

행정정보공개제도의 성공적인 집행을 위해서는 무엇보다도 행정관료들이 정보공개의 당위성과 필요성을 인식하고 모든 정보를 공개하겠다는 확고한 의지가 필요하다. 그리고 행정정보공개제도의 내용을 파악하고 있어야 한다. 이러한 전제가 충족되지 않는다면 아무리 좋은 행정정보공개제도가 마련된다고 하더라고 그것이 제대로 운영되기는 어려울 것이다.

[표 4-19]에 나타난 바에 의하면 공무원들은 정보공개 처리절차와 결정기준에 대해서는 각각 41.1%, 59.4%가 긍정적인 응답을 하고 있는 것으로 나타났다. 그러나 정보공개제도에 대한 전반적인 인지 측면에서는 오히려 37.5%가 부정적인 응답을 하고 있다. 이는 공무원들이 간단한 정보공개 처리절차나 명확한 공개결정 기준에 대해서는 알고 있으나 실제 공개여부를 결정할 경우에는 많은 어려움이 있음을 말해주는 것이라 할 수 있다. 공무원들과의 면담조사 결과에 의하면 간단명료한 정보공개청구에 대해서는 지체 없이 처리를 하고 있으나 대부분의 정보공개청구에 대해서 결정여부를 판단하기가 쉽지 않다고 말하고 있다. 또한 공무원들의 정보공개에 대한 지식수준은 그리 높지 않음을 알 수 있었다. 이는 정보공개에 대한 교육이 실제로 제대로 이루어지지 않고 있을 뿐만 아니라 이루어진다고 해도 그 교육내용이 적절치 못하다고 공무원들과의 면담에서 나타났다. 따라서 행정정보공개제

도의 성공적인 집행을 위해서는 현재의 공무원들에 대한 제도 교육이 개선, 보완되어야 한다는 것을 시사하고 있다고 할 수 있다.

[표 4-19] 정보공개제도 인지 정도

구 분	전혀 아니다	아니다	보통이다	그렇다	매우 그렇다	평 균	합 계
전반적인 제도인지	1(0.7)	37(26.8)	71(51.4)	25(18.1)	4(2.9)	2.957	138(100)
정보공개 처리절차	0(0.0)	19(13.6)	63(45.0)	49(35.0)	9(6.4)	3.343	140(100)
정보공개 결정기준	0(0.0)	5(3.6)	51(37.0)	74(53.6)	8(5.8)	3.616	138(100)

※ ( ): %

한편 [표 4-20]에 의하면 공무원들의 전체적인 정보공개의지는 과거에 비해 많이 향상되었음을 나타내 주고 있다. 먼저 정보공개청구에 대해 공개결정 여부에 대해 법에 규정된 기한까지 기다리지 않고 지체 없이 처리한다는 응답이 63%에 이르고 있어 공무원들이 정보공개에 적극적임을 알 수 있다. 또한 정보공개결정의 판단이 어려운 경우 비공개처리 한다는 응답(31.1%)보다는 공개처리 한다는 응답(39.2%)이 더 우세함을 보여주고 있다. 그러나 한편으로는 공무원들은 정보공개 여부의 결정시 정보를 공개하지 않을 때 받는 부담(34.5%)보다는 공개할 경우 받는 부담(38.9%)을 약간 더 고려하는 것으로 나타나 공무원들의 정보공개 의지에 대한 적극적인 변화 필요성이 계속 제기되어야 할 것이다.

[표 4-20] 공개의지 정도

구분	전혀 아니다	아니다	보통이다	그렇다	매우 그렇다	평 균	합 계
정보공개 지연 정도	16(11.6)	71(51.4)	35(25.4)	15(10.9)	1(0.7)	2.377	138(100)
정보공개 부담 정도	5(3.6)	43(30.9)	37(26.6)	50(36.0)	4(2.9)	3.036	149(100)
공개결정 판단의 곤란성	3(2.2)	51(37.0)	41(29.7)	41(29.7)	2(1.4)	2.913	138(100)

※ ( ): %

또한 [표 4-21]에 나타난 바와 같이 공무원들은 기관장이 정보공개에 관심이 높고, 적극적인 지원을 한다고 각각 43.3%, 30.4%로 긍정적으로 응답하여 기관장이 적극적인 정보공개의지를 갖고 있는 것으로 평가하고 있다.

[표 4-21] 기관장의 지지 정도

구 분	전혀 아니다	아니다	보통이다	그렇다	매우 그렇다	평 균	합 계
기관장의 관심 정도	4(2.9)	13(9.6)	60(44.1)	52(38.2)	7(5.1)	3.331	136(100)
기관장의 지원 정도	4(3.0)	17(12.6)	73(54.1)	39(28.9)	2(1.5)	3.133	135(100)

※ ( ): %

이와 같은 결과는, 정보공개제도의 활성화를 위해서는 공무원들의 정보공개에 대한 의식과 태도변화가 필요하다는 여러 학자들의 주장과는 달리,

공무원들의 정보공개의지는 대체적으로 높은 것으로 나타나 적어도 공무원들의 부정적인 의식이나 태도가 정보공개제도의 활성화를 막는 요인이 되지는 않는 것으로 판단된다. 그러나 일부에서는 아직도 정보공개에 대해 소극적인 모습을 보이고 있기 때문에 좀 더 적극적인 변화 필요성을 제기하여야 할 것으로 보인다.

한편 집행주체요인에 대한 평가에 있어서 인구통계학적인 특성에 따라 유의미한 차이를 보이는가를 알아보기 위해 일원배치분산분석을 실시한 결과 다른 항목에서는 유의미한 차이가 발견되지 않았으나 전반적인 제도인지 정도와 정보공개 처리절차에서만 유의미한 차이가 발견되었다. 즉 연령이 낮을수록, 학력이 높을수록, 직급이 높을수록 정보공개제도에 대하여 잘 알고 있는 것으로 나타났으며($F = 4.090$, $p = .004$; $F = 4.190$, $p = .017$; $F = 2.398$, $p = .043$), 그리고 학력이 높을수록 정보공개 처리절차를 더 잘 알고 있는 것으로 나타났다($F = 3.654$, $p = .028$).

제4절 대상집단요인 분석

행정정보공개제도의 성공적인 집행을 위해서는 집행주체인 공무원의 적극적인 의식과 태도 못지않게 일반국민들의 적극적인 행정정보공개제도의 활용이 전제되어야 하는 것이다.

주민들의 행정정보공개제도에 대한 관심은 상당히 높은 것으로 나타났다. [표 4-22]에 나타난 바와 같이 주민들의 75.4%가 적극적인 정보공개청구 의지를 보여주고 있다. 또한 주민의 65.7%가 행정정보공개제도의 실시 후 공공기관의 운영에 관심이 높아졌다고 응답하고 있다.

[표 4-22] 정보공개청구 의지 정도

구 분	전혀 아니다	아니다	보통이다	그렇다	매우 그렇다	평 균	합 계
정보공개 청구의지	1(0.7)	4(2.7)	31(21.2)	87(59.6)	23(15.8)	3.870	137(100)
공공기관 운영관심도	1(0.7)	7(4.8)	42(28.8)	71(48.6)	25(17.1)	3.767	146(100)

※ ( ): %

그러나 주민들의 정보공개청구 의지와는 달리 행정정보공개제도에 대한 인지 정도는 [표 4-23]에 나타난 바와 같이 상당히 낮게 나타났다. 정보공개 청구절차에 대해 52.8%가 잘 모르고 있는 것으로 나타났으며, 또한 정보공개제도 자체에 대해서도 46.5%가 모르고 있는 것으로 응답하였다. 이는 주민들이 행정정보공개제도에 대한 관심은 높으나 그 내용에 대해서는 잘 모르고 있다는 문제점을 제시하고 있는 것으로 위에서 살펴본 바와 같이 행정정보공개제도의 홍보와도 무관하지 않은 것으로 판단된다.

[표 4-23] 정보공개제도 인지 정도

구분	전혀 아니다	아니다	보통이다	그렇다	매우 그렇다	평 균	합 계
전반적인 제도인지	11(7.5)	57(39.0)	66(45.2)	12(8.2)	0(0.0)	2.541	146(100)
정보공개 청구절차	9(6.2)	68(46.6)	51(34.9)	14(9.6)	4(2.7)	2.561	146(100)

※ ( ): %

한편 대상집단요인에 대한 평가에 있어서 인구통계학적인 특성에 따라 유의미한 차이를 보이는가를 알아보기 위해 일원배치분산분석을 실시한 결과 모든 항목에서 유의미한 차이를 발견할 수 없었다.

제5절 정책환경요인 분석

행정정보공개제도의 집행에 영향을 미치는 정책환경적 측면의 변수와 관련하여 정책결정기관의지지, 대중매체의 관심과 여론의 반응, 법원의 판결경향 등에 대해서 설문을 구성하여 공무원과 주민에게 응답하도록 한바 그 결과 양 집단 모두 상대적으로 낮게 나타나 정책환경 관련요인들의 적극적인 지지를 이끌어낼 필요성을 제기하고 있다.

먼저 [표 4-24]에 나타나 있듯이 정책결정기관의 지지 정도에 관하여 전체적으로는 공무원과 주민 양 집단 모두 긍정적인 답변보다는 부정적인 답변이 많았다. 그러나 부정적인 답변 가운데서도 공무원의 인식(37.7%)보다는 주민의 인식(58.1%)이 더 부정적임을 알 수 있다. 그리고 긍정적인 평가도 공무원은 20.3%에 이르고 있으나 주민은 불과 6.2%에 불과하다. 이처럼 양 집단 모두 부정적인 평가가 지배적이나 그 인식의 차이는 훨씬 크다는 사실을 알 수가 있다.

정책결정기관의 지지 정도에 관한 인식의 정도 차이가 과연 그 차이에 있어서 유의미한 차이가 있는 것인지를 알아보기 위해 t-test를 실시한 결과, 공무원과 주민 양 집단 간의 인식의 차이가 상당한 정도의 유의미한 차이가 있음을 보여주고 있다(t=4.704, p=.000).

[표 4-24] 정책결정기관의 지지 정도

구 분	전혀 아니다	아니다	보통이다	그렇다	매우 그렇다	평 균	합 계
공무원	5(3.6)	47(34.1)	58(42.0)	25(18.1)	3(2.2)	2.812	138(100)
주 민	18(12.3)	67(45.9)	52(35.6)	9(6.2)	0(0.0)	2.356	146(100)
합 계	23(8.1)	114(40.1)	110(38.7)	34(12.0)	3(1.1)		284(100)

※ t=4.704(p=.000)   ( ): %

[표 4-25] 대중매체의 관심과 여론의 반응 정도

구 분	전혀 아니다	아니다	보통이다	그렇다	매우 그렇다	평 균	합 계
공무원	3(2.2)	41(29.7)	60(43.5)	31(22.5)	3(2.2)	2.928	138(100)
주 민	8(5.5)	78(53.4)	48(32.9)	12(8.2)	0(0.0)	2.438	146(100)
합 계	11(3.9)	119(41.9)	108(38.0)	43(15.1)	3(1.1)		284(100)

※ t=5.267(p=.000)   ( ): %

또한 [표 4-25]에서 보는 바와 같이 대중매체의 관심과 여론의 반응 정도에 대한 인식에 있어서도 공무원과 주민 양 집단 모두 부정적인 응답이 높은데, 주민들의 부정적인 인식이 더 큰 것으로 나타났다. 주민의 부정적인 응답은 58.9%로 공무원의 부정적인 답변 31.9%보다 2배 가까이 인식의 차이가 있음을 알 수 있다. 그리고 긍정적인 답변에 있어서도 공무원의 경우 24.7%로 주민의 경우 8.2%보다 3배 가까이 차이가 있음을 알 수 있다.

대중매체의 관심과 여론의 반응 정도에 관한 인식의 정도 차이가 과연 그 차이에 있어서 유의미한 차이가 있는 것인지를 알아보기 위해

t-test를 실시한 결과, 공무원과 주민 양 집단 간의 인식의 차이가 상당한 정도의 유의미한 차이가 있음을 보여주고 있다(t=5.267, p=.000).

그리고 [표 4-26]에서 나타난 바와 같이 법원의 판결경향에 관한 인식에 있어서도 그 차이가 심하다는 것을 알 수 있다. 이 역시 위에서 살펴본 바와 마찬가지로 양 집단 모두 부정적인 평가를 하고 있으나 공무원보다는 주민의 부정적인 답변이 높음을 알 수 있다. 공무원의 부정적인 답변은 28.8%이나 주민의 부정적인 응답은 39.6%에 이르고 있다. 또한 주민의 9.0%가 긍정적인 반응을 보인 것에 반해 공무원은 20.9%가 긍정적인 견해를 보이고 있어 전체적으로 볼 때 부정적인 견해뿐만 아니라 긍정적인 인식에 있어서도 그 차이가 크다는 것을 알 수 있다.

법원의 판결경향에 관한 인식의 정도 차이가 과연 그 차이에 있어서 유의미한 차이가 있는 것인지를 알아보기 위해 t-test를 실시한 결과, 공무원과 주민 양 집단 간의 인식의 차이가 상당한 정도의 유의미한 차이가 있음을 보여주고 있다(t=2.396, p=.017).

[표 4-26] 법원의 판결경향

구 분	전혀 아니다	아니다	보통이다	그렇다	매우 그렇다	평 균	합 계
공무원	8(5.8)	32(23.0)	70(50.4)	26(18.7)	3(2.2)	2.885	139(100)
주 민	6(4.2)	51(35.4)	74(51.4)	12(8.3)	1(0.7)	2.660	144(100)
합 계	14(4.9)	83(29.3)	144(50.9)	38(13.4)	4(1.4)		283(100)

※ t=2.396(p=.017)   ( ): %

한편 정책환경요인에 대한 평가에 있어서 인구통계학적인 특성에 따라 유의미한 차이를 보이는가를 알아보기 위해 일원배치분산분석을 실시한 결과 공무원의 경우 다른 항목에서는 유의미한 차이가 발견되지 않았으나 연령이 높을수록 정책결정기관의 지지 정도에 만족하는 것으로 나타났으며($F=4.002$, $p=.004$), 그리고 학력이 높을수록 대중매체의 관심과 여론의 반응이 낮다고 평가하는 것으로 나타났다($F=3.634$, $p=.029$). 반면 주민의 경우 모든 항목에 있어서 유의미한 차이를 발견할 수 없었다.

이상의 행정정보공개제도의 집행 및 환경요인에 대한 분석결과를 [표 4-20]과 같이 정리할 수 있다.

[표 4-27] 행정정보공개제도의 집행 및 환경요인 분석결과

구 분			평 균		t-값	p-값
			공무원	주 민		
집행기반요인	문서관리 제도정비	접수창구 정비수준	3.450	2.706	7.099	.000
		정보공개청구서 및 정보공개편람 정비수준	3.266	2.699	5.970	.000
		주요문서목록 및 보존문서기록대장 정비수준	2.993	2.603	4.070	.000
	법규정의 적절성	법규정의 현실반영 정도	3.173	2.593	6.020	.000
		비공개대상정보의 적절성	2.899	2.579	3.371	.001
		수수료의 적절성	2.956	2.683	2.778	.006
	대국민 홍보	홍보책자에 의한 홍보 정도	3.206	2.438	6.961	.000
		반상회보에 의한 홍보 정도	3.209	2.548	6.179	.000
		전반적인 홍보노력	3.183	2.493	7.564	.000
	자원의 확보	담당직원의 충분성	2.957	·	·	·
		예산확보의 충분성	2.978	·	·	·
집행주체요인	정보공개제 도인지	전반적인 제도인지	2.957	·	·	·
		정보공개 처리절차	3.343	·	·	·
		정보공개 결정기준	3.616	·	·	·
	정보공개 의지	정보공개지연 정도	2.377	·	·	·
		정보공개부담 정도	3.036	·	·	·
		공개결정 판단의 곤란성	2.913	·	·	·
	기관장의 지지	기관장의 관심 정도	3.331	·	·	·
		기관장의 지원 정도	3.133	·	·	·
대상집단요인	정보공개제 도인지	전반적인 제도인지	·	2.541	·	·
		정보공개 청구절차	·	2.561	·	·
	정보공개 청구의지	정보공개 청구의지	·	3.870	·	·
		공공기관 운영의 관심도	·	3.767	·	·
정책환경 요인		정책결정기관의 지지	2.812	2.356	4.704	.000
		대중매체의 관심과 여론의 반응	2.928	2.438	5.267	.000
		법원의 판결경향	2.885	2.660	2.396	.017

제5장 행정정보공개제도의 집행성과에 대한 요인별 영향분석

제1절 집행기반요인의 영향분석

앞에서 살펴본 행정정보공개제도의 집행에 영향을 미치는 요인들의 상대적인 영향력 정도를 파악해 보고자 요인분석을 통하여 얻어진 요인점수를 이용하여 다중회귀분석을 실시하였다.[44] 집행기반요인의 4개 요인군과 집행주체요인의 3개 요인군 및 대상집단요인의 2개 요인군 그리고 정책환경요인의 1개 요인군을 독립변수로 하고 행정정보공개제도의 집행성과를 종속변수로 하여, 각각 어떤 요인군이 행정정보공개제도의 집행성과인 효과와 만족도에 주요한 영향을 미치게 되는가를 분석하였다. 집단 간의 영향요인에 대한 인식차이를 살펴보기 위하여 공무원과 주민을 구분하여 다중회귀분석을 실시하였다.

1. 행정정보공개제도의 효과에 대한 영향력 분석

공무원의 경우 문서관리제도의 정비, 법규정의 적절성, 대국민 홍보,

---

[44] 회귀분석에 사용되는 변수들의 투입방식에는 모든 변수를 동시에 투입하는 일괄투입법(enter)과 각 단계별로 종속변수와 상관계수가 가장 높은 독립변수로부터 하나씩 추가하는 단계추가법(stepwise)이 있으나 본 연구에서는 요인별로 각였다.

자원의 확보 등의 4개의 요인군을 독립변수로 하고, 주민의 경우 자원의 확보를 제외한 3개의 요인군을 독립변수로 하여 행정정보공개제도의 효과를 종속변수로 하였을 때의 다중회귀분석을 실시한 결과는 다음의 [표 5-1]과 [표 5-2]에 나타나 있다.

공무원의 경우는 [표 5-1]에서 볼 수 있듯이 4개의 요인군 중 대국민 홍보만이 행정정보공개제도의 효과를 유의한 수준에서 설명해 주고 있다. 공무원들은 대국민 홍보가 적극적으로 활발하게 이루어져야 행정정보공개제도의 효과가 증가될 수 있다고 인식하고 있는 것을 알 수 있다.

[표 5-1] 집행기반요인의 행정정보공개제도의 효과에 대한
영향분석(공무원)

독립변수	비표준화 계수		표준화 계수	t-값	p-값
	B	표준오차	베 타		
문서관리제도의 정비	.064	.128	.055	.501	.617
법규정의 적절성	-.050	.116	-.041	-.398	.691
대국민 홍보	.356	.139	.287	2.254	.012
자원의 확보	.029	.108	.028	.272	.786
R^2=.101	Adjusted R^2=.071		F=3.345		P=.012

[표 5-2]의 주민들을 대상으로 한 분석결과를 보면, 공무원들을 대상으로 한 경우와 마찬가지로 행정정보공개제도의 효과가 대국민 홍보에 영향을 받는 것으로 나타났다. 이를 통해 주민들이 행정정보공개제도의 홍보 필요성을 절실하게 느끼고 있음을 알 수 있다.

[표 5-2] 집행기반요인의 행정정보공개제도의 효과에 대한
영향분석(주민)

독립변수	비표준화 계수		표준화 계수	t - 값	p - 값
	B	표준오차	베 타		
문서관리제도의 정비	.112	.091	.115	1.236	.218
법규정의 적절성	.034	.090	.033	.375	.708
대국민 홍보	.254	.097	.249	2.606	.010
$R^2 = .112$	Adjusted $R^2 = .093$		F = 5.769		P = .001

공무원의 경우 문서관리제도의 정비와 법규정의 적절성 및 자원의
확보, 주민의 경우 문서관리제도의 정비와 법규정의 적절성은 행정정
보공개제도의 효과에 대해 유의한 설명력을 보여주지 못했다.

2. 행정정보공개제도의 만족도에 대한 영향력 분석

공무원의 경우 4개의 요인군을 독립변수로 하고, 주민의 경우 자원
의 확보를 제외한 3개의 요인군을 독립변수로 하여 행정정보공개제도
의 만족도를 종속변수로 하였을 때의 다중회귀분석을 실시한 결과 다
음의 [표 5-3]과 [표 5-4]와 같은 결과를 얻을 수 있었다.

[표 5-3]의 공무원을 대상으로 한 분석결과를 보면 정책내용 관련요
인 중 문서관리제도의 정비와 법규정의 적절성이 행정정보공개제도의
만족도를 유의하게 설명해 주는 것을 알 수 있다. 공무원들은 문서관
리제도가 잘 정비되고 법규정이 현실에 맞게 적절히 규정되어 있을 경
우 행정정보공개제도에 만족감을 느끼게 된다고 보고 있는 것이다.

[표 5-3] 집행기반요인의 행정정보공개제도의 만족도에 대한
영향분석(공무원)

독립변수	비표준화 계수		표준화 계수	t - 값	p - 값
	B	표준오차	베 타		
문서관리제도의 정비	.257	.107	.248	2.400	.018
법규정의 적절성	.200	.097	.201	2.068	.041
대국민 홍보	.060	.116	.055	.514	.608
자원의 확보	.039	.090	.043	.433	.666
R^2 =.195	Adjusted R^2 =.168		F =7.204		P =.000

주민의 경우 [표 5-4]에 나타난 바와 같이 정책내용 관련요인 중 법
규정의 적절성만이 행정정보공개제도의 만족도에 영향을 주는 것으로
인식하고 있다는 것을 알 수 있다. 이는 주민들이 현행 법규정에 불만
이 어느 정도인지를 가늠하게 해주는 것으로 정보공개법의 개정 필요
성을 강력히 제기하고 있음을 알 수 있다.

[표 5-4] 집행기반요인의 행정정보공개제도의 만족도에 대한
영향분석(주민)

독립변수	비표준화 계수		표준화 계수	t - 값	p - 값
	B	표준오차	베 타		
문서관리제도의 정비	.070	.098	.065	.715	.476
법규정의 적절성	.279	.096	.251	2.900	.004
대국민 홍보	.194	.105	.173	1.854	.066
R^2 =.152	Adjusted R^2 =.133		F =8.618		P =.000

공무원의 경우 대국민 홍보와 자원의 확보, 주민의 경우 대국민 홍
보는 행정정보공개제도의 만족도에 대해 유의한 설명력을 보여주지 못

하는 것으로 나타났다. 특히, 공무원의 경우 자원의 확보는 행정정보공개제도의 효과 및 만족도에 대해 유의한 설명력을 갖지 않는 것으로 나타나, 정보공개 담당직원의 충분성과 정보공개 관련 예산확보의 충분성으로는 행정정보공개제도의 집행성과를 설명할 수 없었다.

  이상의 행정정보공개제도의 집행성과에 대한 집행기반요인의 영향력 분석결과를 [그림 5-1]과 [그림 5-2]와 같이 정리할 수 있다.

[그림 5-1] 집행기반요인의 효과에 대한 영향모형

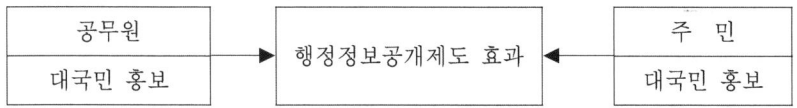

[그림 5-2] 집행기반요인의 만족도에 대한 영향모형

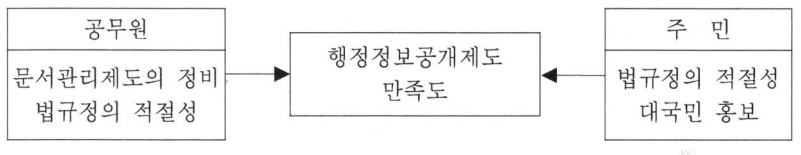

제2절 집행주체요인의 영향분석

1. 행정정보공개제도의 효과에 대한 영향분석

  공무원을 대상으로 행정정보공개제도의 효과를 종속변수로 하고 집행주체요인 3개 요인군을 독립변수로 하여 다중회귀분석을 실시한 결과, [표 5-5]에 나타난 바와 같이 정보공개 의지만이 행정정보공개제도의 효과를 유의한 수준에서 설명해 주고 있으며, 정보공개 인지와 기관장의 지지는 유의한 설명력을 보여주지 못했다.

[표 5-5] 집행주체요인의 행정정보공개제도의 효과에 대한 영향분석

독립변수	비표준화 계수		표준화 계수	t - 값	p - 값
	B	표준오차	베 타		
정보공개 의지	.198	.088	.195	2.255	.026
정보공개 인지	.119	.085	.120	1.393	.166
기관장의 지지	.150	.086	.150	1.735	.085
$R^2 = .075$	Adjusted $R^2 = .053$		F = 3.371		P = .021

R^2값이 다소 낮아 행정정보공개제도의 효과에 대한 설명력이 높지 못하나 공무원들의 정보공개에 대한 적극적인 의지가 행정정보공개제도의 효과에 영향을 주고 있음을 알 수 있다.

2. 행정정보공개제도의 만족도에 대한 영향분석

공무원을 대상으로 행정정보공개제도의 만족도를 종속변수로 하고 집행주체요인 3개 요인군을 독립변수로 하여 다중회귀분석을 실시한 결과, [표 5-6]에 나타난 바와 같이 기관장의 지지만이 행정정보공개제도의 만족도를 유의한 수준에서 설명해 주고 있으며, 정보공개 의지와 정보공개 인지는 유의한 설명력을 보여주지 못했다.

[표 5-6] 집행주체요인의 행정정보공개제도의 만족도에
대한 영향분석

독립변수	비표준화 계수		표준화 계수	t - 값	p - 값
	B	표준오차	베 타		
정보공개 의지	-.090	.078	-.093	-1.113	.268
정보공개 인지	.111	.075	.123	1.471	.144
기관장의 지지	.313	.076	.342	4.102	.000
R^2=.140	Adjusted R^2=.119		F=6.704		P=.000

행정정보공개제도의 효과 및 만족도에 대한 분석결과에서 알 수 있
듯이 정보공개 인지는 행정정보공개제도의 집행성과에 대해 유의한 설
명력을 갖고 있지 않은 것으로 나타나, 정보공개 인지 관련 변수를 통
하여 그 집행성과를 설명할 수 없었다.

이상의 행정정보공개제도의 집행성과에 대한 집행주체요인의 영향력
분석결과를 [그림 5-3]과 [그림 5-4]와 같이 정리할 수 있다.

[그림 5-3] 집행주체요인의 효과에 대한 영향모형

집행주체요인	
정보공개 의지	→ 행정정보공개제도 효과

[그림 5-4] 집행주체요인의 만족도에 대한 영향모형

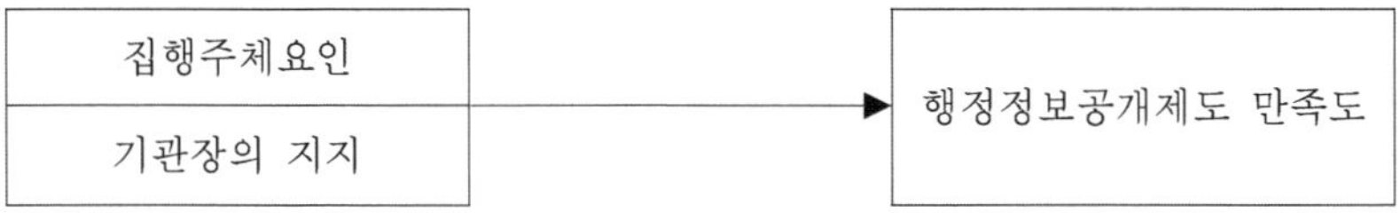

집행주체요인	
기관장의 지지	→ 행정정보공개제도 만족도

174

제3절 대상집단요인의 영향분석

1. 행정정보공개제도의 효과에 대한 영향분석

주민을 대상으로 대상집단요인의 2개 요인군을 독립변수로 하고 행정정보공개제도의 효과를 종속변수로 하여 다중회귀분석을 실시한 결과, 다음의 [표 5-7]과 같은 결과를 얻을 수 있었다.

[표 5-7] 대상집단요인의 행정정보공개제도의 효과에 대한 영향분석

독립변수	비표준화 계수		표준화 계수	t-값	p-값
	B	표준오차	베타		
정보공개 청구의지	.312	.070	.330	4.453	.000
정보공개 인지	.314	.070	.332	4.481	.000
$R^2=.220$	Adjusted $R^2=.209$		F=19.969		P=.000

[표 5-7]에서 알 수 있듯이 대상집단요인의 2개 요인군 모두 행정정보공개제도의 효과에 유의한 수준에서 설명해 주고 있는 것으로 나타났다. 베타계수를 살펴보면 정보공개 인지가 0.332로 집행대상 관련요인 중 가장 중요한 요인군임을 알 수 있고, 다음으로 베타계수가 0.330인 정보공개 청구의지가 행정정보공개제도의 효과에 영향을 미치는 것으로 나타났다. 그러나 베타계수의 차이가 거의 없어 두 요인군 모두가 행정정보공개제도의 효과에 비슷한 정도의 영향을 미치고 있다는 것을 알 수 있다. R^2값이 0.220으로 정보공개 인지와 정보공개 청구의지 2개 요인군이 행정정보공개제도의 효과를 22% 정도 설명해 주는

것으로 나타났다.

2. 행정정보공개제도의 만족도에 대한 영향분석

주민을 대상으로 행정정보공개제도의 효과를 종속변수로 하고 집행대상 관련요인의 2개 요인군을 독립변수로 하여 다중회귀분석을 실시한 결과, 다음의 [표 5-8]과 같은 결과를 얻을 수 있었다.

[표 5-8] 대상집단요인의 행정정보공개제도의 만족도에
대한 영향분석

독립변수	비표준화 계수		표준화 계수	t − 값	p − 값
	B	표준오차	베타		
정보공개 청구의지	.254	.082	.248	3.111	.002
정보공개 인지	-.197	.082	-.192	-2.411	.017
R^2=.098	Adjusted R^2=.086		F=7.742		P=.001

[표 5-8]의 분석결과에 의하면 대상집단요인의 2개 요인군 모두 행정정보공개제도의 효과에 유의한 설명력이 있는 것으로 나타났다. 베타계수를 살펴보면 정보공개 인지가 0.248로 집행대상 관련요인 중 가장 중요한 요인군임을 알 수 있다. 그런데 정보공개 인지의 베타계수가 -0.197을 보이고 있다. 이는 주민들이 행정정보공개제도에 대해 잘 모르고 있기 때문에 나타난 결과로서 역으로 생각하면 주민들이 행정정보공개제도에 대해 잘 알고 있다면 그 효과는 크다는 사실을 입증해 주는 것이라 할 수 있다. 이러한 측면에서 행정정보공개제도의 적극적인 대국민 홍보는 더욱더 그 중요성이 크다는 사실을 알 수 있다.

이상의 행정정보공개제도의 집행성과에 대한 대상집단요인의 영향력 분석결과를 [그림 5-5]와 [그림 5-6]과 같이 정리할 수 있다.

[그림 5-5] 대상집단요인의 효과에 대한 영향모형

[그림 5-6] 대상집단요인의 만족도에 대한 영향모형

제4절 정책환경요인의 영향분석

여기에서는 먼저 정책환경 요인이 집행요인에 미친 영향력을 분석한 후, 다음으로 정책환경 요인이 집행성과에 미친 영향력을 분석하였다.

1. 정책환경의 집행요인에 대한 영향분석

1) 정책환경의 집행기반요인에 대한 영향분석

공무원의 경우 문서관리제도의 정비, 법규정의 적절성, 자원의 확보, 대국민 홍보 등의 4개 정책기반요인군을 종속변수로 하고, 주민의 경우 문서관리제도의 정비, 법규정의 적절성, 대국민 홍보 등의 3개 집행기반요인군을 종속변수로 하여 정책환경을 독립변수로 하였을 때의 다중회귀분석을 실시한 결과는 [표 5-9]와 [표 5-10]에 나타난 바와 같다.

[표 5-9] 정책환경의 집행기반요인에 대한 영향분석(공무원)

정책기반요인	비표준화 계수		표준화 계수	t - 값	p - 값
	B	표준오차	베 타		
문서관리제도	.306	.071	.348	4.264	.000
	R^2=.121 Adjusted R^2=.114 F=18.434 P=.000				
법규정의 적절성	.408	.078	.414	5.209	.000
	R^2=.172 Adjusted R^2=.165 F=27.130 P=.000				
자원의 확보	.377	.065	.454	5.844	.000
	R^2=.206 Adjusted R^2=.200 F=34.030 P=.000				
대국민 홍보	.346	.081	.350	4.293	.000
	R^2=.123 Adjusted R^2=.116 F=18.184 P=.000				

공무원과 주민 양 집단 모두 정책환경이 집행기반요인에 상당한 영향을 미치는 것으로 나타났다. 정책환경이 4개의 정책기반요인에 각각 어느 정도의 영향을 미치고 있는지는 정확히 알 수 없으나, [표 5-9]에 나타난 바와 같이 공무원의 경우 정책환경이 자원의 확보(베타=.454), 법규정의

적절성(베타=.414), 대국민 홍보(t=.350), 문서관리제도(t=.348)의 순으로 영향을 미치고 있는 것으로 유추는 할 수 있을 것이다. 주민의 경우는 [표 5-10]에 나타난 바와 같이 문서관리제도(베타=.461), 법규정의 적절성(베타=.460), 대국민 홍보(베타=.365)의 순으로 영향을 미치는 것으로 유추할 수 있다.

[표 5-10] 정책환경의 집행기반요인에 대한 영향분석(주민)

정책기반요인	비표준화 계수		표준화 계수	t - 값	p - 값
	B	표준오차	베 타		
문서관리제도	.500	.081	.461	6.195	.000
	R²=.213 Adjusted R²=.207 F=38.380 P=.000				
법규정의 적절성	.480	.079	.460	6.108	.000
	R²=.212 Adjusted R²=.206 F=37.305 P=.000				
대국민 홍보	.388	.083	.365	3.666	.000
	R²=.133 Adjusted R²=.127 F=21.775 P=.000				

이상의 행정정보공개제도 정책환경의 집행기반요인에 대한 영향력 분석 결과를 [그림 5-7]과 같이 정리할 수 있다.

[그림 5-7] 정책환경의 집행기반요인에 대한 영향모형

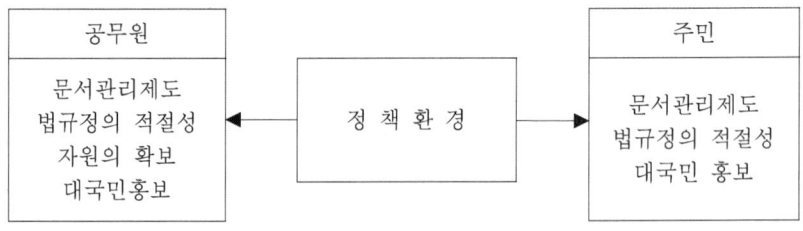

2) 정책환경의 집행주체요인에 대한 영향력 분석

공무원을 대상으로 정책환경을 독립변수로 하고 집행주체요인의 3개 요
인군을 종속변수로 하여 다중회귀분석을 실시한 결과, 다음의 [표 5-11]과
같은 결과를 얻을 수 있었다.

[표 5-11]의 분석결과에 의하면 정책환경이 3개의 집행주체요인 중
정보공개제도의 인지와 기관장의 지지에 영향을 미치는 것으로 나타났
다. 정책환경이 정책기반요인 중 영향을 미치는 것으로 나타난 2개의
요인에 각각 어느 정도의 영향을 미치고 있는지는 정확히 알 수 없으
나, [표 5-11]에 나타난 바와 같이 정책환경이 기관장의 지지(베타
=.455), 정보공개제도 인지(베타=.239)의 순으로 영향을 미치고 있는
것으로 유추할 수 있다.

[표 5-11] 정책환경의 집행주체요인에 대한 영향분석

정책주체요인	비표준화 계수		표준화 계수	t-값	p-값
	B	표준오차	베타		
정보공개제도 인지	.235	.085	.239	2.782	.006
	R^2=.057 Adjusted R^2=.050 F=7.740 P=.006				
정보공개 의지	-.034	.087	-.034	-.389	.698
	R^2=.001 Adjusted R^2=-.007 F=.151 P=.698				
기관장의 지지	.447	.077	.455	5.777	.000
	R^2=.207 Adjusted R^2=.201 F=33.376 P=.000				

이상의 행정정보공개제도 정책환경의 집행주체요인에 대한 영향력
분석결과를 [그림 5-8]과 같이 정리할 수 있다.

[그림 5-8] 정책환경의 집행주체요인에 대한 영향모형

2) 정책환경의 대상집단요인에 대한 영향분석

주민을 대상으로 정책환경을 독립변수로 하고 대상집단요인의 2개 요인군을 종속변수로 하여 다중회귀분석을 실시한 결과, 다음의 [표 5-12]와 같은 결과를 얻을 수 있었다.

　[표 5-12]의 분석결과에 의하면 정책환경이 2개의 집행주체요인 중 정보공개 청구의지에 영향을 미치는 것으로 나타났다. 그러나 정책환경이 주민의 정보공개제도 인지에의 영향 정도를 유의한 수준에서 설명하고 있지 못하다는 것은 행정정보공개제도의 활성화를 위해 정책환경의 적극적인 역할을 요구하고 있다는 것이다.

[표 5-12] 정책환경의 대상집단요인에 대한 영향분석

정책주체요인	비표준화 계수		표준화 계수	t - 값	p - 값
	B	표준오차	베 타		
정보공개제도 인지	.094	.094	.083	.996	.321
	$R^2=.007$　Adjusted $R^2=.000$　F=992　P=.321				
정보공개 청구의지	.766	.069	.679	11.034	.000
	$R^2=.462$　Adjusted $R^2=.458$　F=121.755　P=.000				

이상의 행정정보공개제도 정책환경의 대상집단요인에 대한 영향력 분석 결과를 [그림 5-9]와 같이 정리할 수 있다.

[그림 5-9] 정책환경의 대상집단요인에 대한 영향모형

2. 정책환경의 정책효과에 대한 영향분석

1) 행정정보공개제도의 효과에 대한 영향력 분석

행정정보공개제도의 효과를 종속변수로 하고 정책환경요인군을 독립변수로 하여 다중회귀분석을 실시하여 [표 5-13]과 [표 5-14]와 같은 결과를 얻었다.

[표 5-13] 정책환경요인의 행정정보공개제도의 효과에
대한 영향분석(공무원)

독립변수	비표준화 계수		표준화 계수	t - 값	p - 값
	B	표준오차	베 타		
정책환경	.344	.091	.314	3.783	.000
R^2=.098	Adjusted R^2=.092		F=14.308		P=.000

[표 5-13]은 공무원을 대상으로 한 분석결과를 제시하고 있는데, 정책환경요인이 행정정보공개제도의 효과를 유의한 수준에서 설명해 주는 것으로 나타났다. 베타값은 0.314이며, R^2값은 0.098로 다소 낮기는 하나 약 10%의 설명력을 지니고 있다.

주민을 대상으로 한 분석결과는 [표 5-14]에서 제시하고 있는데, 공

182

무원의 경우와 같이 정책환경 요인군이 행정정보공개제도의 효과에 유의한 설명력이 있는 것으로 나타났다. 베타값은 0.353이며, R^2값은 0.125로 12.5%의 설명력을 나타내고 있다.

[표 5-14] 정책환경요인의 행정정보공개제도의 효과에
대한 영향분석(주민)

독립변수	비표준화 계수		표준화 계수	t - 값	p - 값
	B	표준오차	베 타		
정책환경	.372	.083	.353	4.484	.000
R^2=.125	Adjusted R^2=.119		F=20.102		P=.000

2) 행정정보공개제도의 만족도에 대한 영향분석

정책환경 관련 요인군을 독립변수로 하고 행정정보공개제도의 만족도를 종속변수로 하여 다중회귀분석을 실시하여 [표 5-15]와 [표 5-16]과 같은 결과를 얻었다.

공무원을 대상으로 한 분석결과는 [표 5-15]에 제시되어 있는데, 행정정보공개제도의 효과에 대한 결과와 같이 정책환경 요인군이 행정정보공개제도의 만족도를 유의한 수준에서 설명해 주는 것으로 나타났다.

[표 5-15] 정책환경요인의 행정정보공개제도의 만족도에
대한 영향분석(공무원)

독립변수	비표준화 계수		표준화 계수	t - 값	p - 값
	B	표준오차	베 타		
정책환경	.358	.077	.376	4.642	.000
R^2=.141	Adjusted R^2=.135		F=21.547		P=.000

[표 5-16]은 주민을 대상으로 한 분석결과를 제시하고 있는데, 공무원의 경우와 같이 정책환경 요인군이 행정정보공개제도의 만족도에 유의한 설명력이 있는 것으로 나타났다.

[표 5-16] 정책환경요인의 행정정보공개제도의 만족도에
대한 영향분석(주민)

독립변수	비표준화 계수		표준화 계수	t – 값	p – 값
	B	표준오차	베타		
정책환경	.199	.096	.172	2.068	.040
$R^2 = .029$	Adjusted $R^2 = .023$		F = 4.276		P = .040

이상의 행정정보공개제도 정책환경의 대상집단요인에 대한 영향력 분석결과를 [그림 5-10]과 [그림 5-11]과 같이 정리할 수 있다.

[그림 5-10] 정책환경의 효과에 대한 영향모형

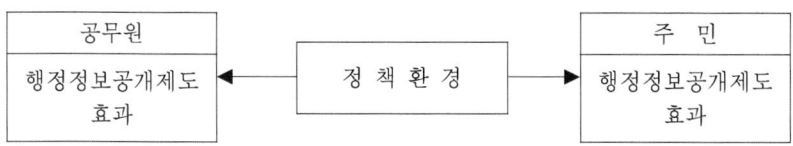

[그림 5-11] 정책환경의 만족도에 대한 영향모형

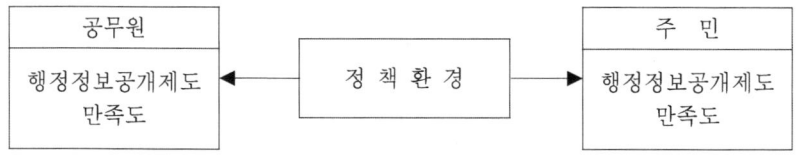

제6장 결 론

제1절 연구결과의 요약

현대사회는 정보의 중요성이 일상 사회생활 속의 일부분으로 흡수되고 있는 정보사회이다. 이러한 정보사회 속에서 현대행정은 행정수요와 기능의 확대, 정책문제의 복잡다양화, 행정의 분권화・지방화, 행정의 민주화・인간화 등의 특징을 지니고 있다. 또한 행정기관은 국가전반에 걸쳐 국민생활에 막대한 영향을 줄 수 있는 정책을 수립・집행하고 있고, 그 과정에서 막대한 정보를 획득하고 있다. 이에 따라 정보는 정부 및 정보기업에 의해 독점화되어 국민에게 충분한 정보가 주어지지 못하고 있는 실정이다. 그러나 이러한 행정정보는 국민주권 혹은 주민자치의 원리에 근거한 원칙으로서 모든 주민에게 공개되어야 한다. 행정정보의 공개는 주민이 접근하기 용이한 정부, 적시에 신뢰성 있는 정보를 제공하는 정부, 주민들의 요구에 대응하는 정부라는 점에서 주민위주의 정부를 구현하는 데 중요한 역할을 하게 될 것이기 때문이다.

이와 같이 행정정보의 공개는 정치・행정에 대한 국민참여의 전제가 되는 충분한 정보제공에 기여하며, 주민의 감시에 의한 깨끗한 정부를 조장하며, 주민의 복지에도 기여한다. 즉, 주민들 사이에 팽창된 정보수요를 충족시켜주기 의해서는 행정이 무엇을 행하고 있는가에 대한 충분한 정보가 주민에게 제공되지 않으면 안 된다. 정책과정 중에 정보공개가 이루어지면 정책결정의 정당성을 얻을 수 있으며, 이렇게 결정된 정책이 집행되는 경우 주민의 참여나 협조를 얻을 수 있어 주민과 행정 간에 신뢰와 공감대가 형성되는 기반이 될 것이다. 또한 행정의 비밀주의에 대한 민주적 통제를 통해 행정권한의 남용을 방지하고 정치 및 행정의 공정성을 확보하게 될 것이다.

따라서 행정정보공개제도는 정보사회의 급속한 발전과 함께 그에 대한 공법적 대응으로서 효과적으로 기능할 수 있는 제도일 뿐만 아니라 국민의 알권리를 법적 근거로 하여 국정운영의 투명도를 높이고 참여 민주주의의 이념을 실현한다는 정치와 행정의 민주주의 보장이라는 측면에서 그 필요성을 찾을 수 있으며, 열린 정부를 이루기 위한 전제조건이 되기도 한다. 또한 정보사회의 역기능을 보완하고 정보의 민주화를 향한 새로운 도전을 위해서 뿐만 아니라 모법의 존재를 통한 개별법령들의 체계적 통일성 부여와 국민의 알권리에 대한 확실한 보장을 위해서도 체계적 단일법률로서의 정보공개법의 당위성은 인정될 수 있는 것이다.

이러한 당위성과 중요성을 가지고 있는 행정정보공개제도에 대해 기존의 연구들은 주로 행정정보공개제도의 법제도적 측면을 대상으로 하여 이론적 논의와 정책적 대안제시에 치중해 왔으며, 행정정보공개제도의 실제적인 운영현황과 문제점을 분석하여 구체적인 개선방향을 제시한 논문은 거의 없는 실정이다. 또한 제2장 제2절의 정책집행에 관한 이론적 논의에서 설명된 바와 같이 정책집행연구의 중요성에도 불구하고 이러한 관점에서 행정정보공개제도를 분석한 연구도 미비한 수준에 불과하다.

이에 따라 본 연구는 행정정보공개제도를 하나의 정책으로 보고, 행정정보공개제도의 운영을 정책집행으로 간주하여 행정정보공개제도가 원래의 의도대로 잘 집행되었을 경우, 즉 성공적인 정책집행의 바람직한 모습을 상정하고 그에 근거하여 현실적으로 행정정보공개제도가 어떻게 집행되고 있으며, 행정정보공개제도의 집행에 결정적인 영향을 미치는 요인은 무엇인지, 만일 제대로 집행되고 있지 않다면 그 주요한 요인이 무엇인지를 분석하기 위해 행정정보공개제도의 집행성과 및 운영실태를 집행기반, 집행주체, 대상집단, 정책환경 측면으로 나누어 행정정보공개제도 집행의 당사

자인 공급자의 위치에 있는 공무원과 수요자의 입장에 서 있는 주민의 동
시평가를 통해 공무원과 주민의 의식 및 행태가 어떠하며, 어떠한 차이가
있는지를 살펴보았다. 또한 이러한 차이가 행정정보공개제도의 집행성과에
어떠한 영향을 주고 있는지를 분석하였으며, 이를 통해 행정정보공개제도
의 집행에 영향을 미치는 요인을 추출할 수 있었다. 그 결과를 요약하면
다음과 같다.

먼저 행정정보공개제도의 집행성과에 대하여 공무원과 주민의 인식을
분석한 결과 집행성과 중 효과에 대하여 공무원은 대체로 긍정적으로 평
가하고 있으나 주민들은 이와 달리 부정적 평가가 많아 인식의 차이가 있
는 것으로 나타났다. 또한 행정정보공개제도의 만족도에 대해서는 공무원
과 주민 모두 부정적인 평가가 우세하였으나 공무원보다는 주민의 만족도
가 훨씬 떨어지는 것을 알 수 있었다.

다음으로 행정정보공개제도의 집행에 영향을 미치는 요인들의 영향력을
분석하기 전에, 분석의 틀에서 선정하였던 요인들의 유형화를 확인해 보기
위해 요인분석을 실시하였다. 그 결과 집행기반요인으로 문서관리제도의
정비, 법규정의 적절성, 대국민 홍보, 자원의 확보 등 4개의 요인군으로,
집행주체요인으로 정보공개인지, 정보공개의지, 기관장의 지지 등 3개의
요인군으로, 대상집단요인으로 정보공개인지, 정보공개 청구의지 등 2개의
요인군으로, 정책환경요인으로 1개의 요인군으로 분류되었다. 그리고 이들
요인군에 대한 공무원과 주민의 인식을 살펴본 결과 요인의 내용에 따라
인식의 차이가 나타났다.

집행기반요인 중 문서관리제도의 정비에 대하여 공무원은 긍정적인 평
가를, 주민은 부정적인 평가를 하고 그 인식의 차이가 상당한 것으로 나타
났다. 또한 법규정의 적절성에 있어서 법규정의 현실반영 정도는 공무원은
긍정적으로 주민은 부정적으로 응답하고 있으나, 비공개대상정보의 적절성
과 수수료의 적절성에 대하여는 공무원과 주민 모두 부정적인 평가를 하
고 있는 것으로 나타났다. 그리고 대국민 홍보 차원에서의 그 인식의 차가

가장 심각한 것으로 나타났다. 집행주체요인에 있어서 공무원의 정보공개 인지 및 정보공개의지가 과거에 비해 많이 향상 된 것으로 나타났다. 반면 대상집단요인에 있어서는 주민들은 정보공개 청구의지는 강하나 그 내용 에 대해서는 잘 모르고 있는 것으로 나타나 대국민 홍보에 있어서 문제가 있음을 입증해 주고 있다. 정책환경요인에 있어서는 공무원과 주민 모두 부정적인 평가를 하고 있는 것으로 나타났다.

마지막으로 이와 같은 행정정보공개제도의 집행에 영향을 미치는 요인 에 대한 인식을 토대로, 행정정보공개제도의 집행성과, 즉 효과와 만족도 를 종속변수로 집행기반요인, 집행주체요인, 대상집단요인, 정책환경요인을 독립변수로 하여 다중회귀분석을 실시하여 각 요인의 상대적 영향력을 살 펴보았다.

집행기반요인군을 대상으로 분석한 결과를 보면 집행성과 중 효과에 대 하여는 공무원과 주민 모두 대국민 홍보가 영향을 미치는 것으로 나타났 다. 반면 만족도에 있어서 공무원의 경우는 문서관리제도의 정비와 법규정 의 적절성이, 주민의 경우는 법규정의 적절성이 각각 영향을 미치는 것으 로 분석되었다. 집행주체요인을 대상으로 한 분석결과를 보면 효과에 있어 서는 정보공개의지가, 만족도에 있어서는 기관장의 지지가 각각 설명력을 갖고 있는 것으로 밝혀졌다. 대상집단요인을 대상으로 한 분석결과는 효과 와 만족도 모두에 정보공개인지와 정보공개 청구인지가 영향을 미치는 것 으로 나타났다. 그리고 정책환경요인을 대상으로 한 분석에 있어서는 효과 와 만족도 모두에 설명력을 갖는 것으로 나타났다. 정책환경이 집행요인에 미친 영향력 분석에 있어서는 공무원의 경우 4개의 정책기반요인과 집행 주체요인 중 정보공개제도 인지와 기관장의 지지에 설명력을 갖는 것으로 나타났으며, 주민의 경우 3개의 집행기반요인과 대상집단요인 중 정보공개 청구의지에 설명력을 갖는 것으로 나타났다. [표 6-1]과 [표 6-2]는 이러한 연구결과를 요약한 것이다.

[표 6-1] 집행요인 및 정책환경의 집행성과에 대한 영향력 분석결과

구 분			종속변수			
			효과성		만족도	
			공무원	주민	공무원	주민
독립변수	정책기반요인	문서관리제도의 정비	X	X	O	X
		법규정의 적절성	X	X	O	O
		대국민 홍보 정도	O	O	X	X
		자원의 확보 정도	X		X	
	집행주체요인	정보공개제도 인지 정도	X		X	
		정보공개 의지 정도	O		X	
		기관장의 지지 정도	X		O	
	대상집단요인	정보공개제도 인지 정도		O		O
		정보공개청구 의지 정도		O		O
	정책환경요인		O	O	O	O

※ O: 영향관계, X: 무영향관계

[표 6-2] 정책환경의 집행요인에 대한 영향력 분석결과

구 분			독립변수	
			정책환경	
			공무원	주 민
종속변수	정책기반요인	문서관리제도의 정비	O	O
		법규정의 적절성	O	O
		대국민 홍보 정도	O	O
		자원의 확보 정도	O	
	집행주체요인	정보공개제도 인지 정도	O	
		정보공개 의지 정도	X	
		기관장의 지지 정도	O	
	대상집단요인	정보공개제도 인지 정도		X
		정보공개청구 의지 정도		O

※ O: 영향관계, X: 무영향관계

제2절 정책적 제언 및 연구의 한계

본 연구의 결과는 기존의 연구에서 간과하고 있는 정보공개 수요자인 주민의 측면을 고려하여 분석하였다는 점에서, 정책집행이론의 시각에서 분석하였다는 점에서 그리고 이제 제도를 시행한 지 5년째 접어든 행정정보공개제도가 나아갈 방향을 제시하는 데 유용한 지침서로서의 역할을 기대할 수 있다는 데에 학술적, 이론적, 실무적 가치를 부여할 수 있다고 판단된다. 이 같은 연구결과를 토대로 행정정보공개제도의 집행성과를 제고할 수 있는 정책적 제언은 다음과 같다.

첫째, 제도적 측면에서 정보공개시스템의 정비와 인적·물적 가용자원의 확보를 통한 정보공개의 편리성 및 충실성 확보, 비공개대상정보 범위의 구체화, 정보공표제의 확립, 정보공개 수수료 부담의 완화, 새로운 홍보방법의 개발 등이 실현되어야 한다. 특히 주민들이 정보공개제도에 대한 청구의지는 높지만, 그에 대한 내용은 잘 알지 못하는 것으로 나타났으므로 대국민 홍보방법에 대한 전반적인 재검토를 통하여 이의 실효성에 대한 평가가 있어야 하겠다. 아무리 좋은 제도라도 당사자인 주민들이 이를 모르거나 이용하지 않을 경우 그 실효성은 크게 떨어질 수밖에 없다. 따라서 법의 제정이나 제도의 정비도 물론 중요하지만, 일반주민들의 실제 이용을 높이기 위하여 행정정보공개제도의 필요성이나 효과, 그리고 이용방법에 대하여 주민들에게 정기적으로 그 내용을 발간·배포하거나, 신문·방송 등의 대중매체를 통하여 적극적인 홍보가 이루어지도록 해야 할 것이다.

둘째, 공무원들이 행정정보공개제도에 대하여 알고 있고, 정보공개의 의지는 있지만 그에 대한 지식은 충분치 않은 것으로 나타나고 있으므로, 공무원을 상대로 한 교육강화가 필요하다. 공무원들이 행정정보공개제도의 내용을 제대로 정확하게 인식하고 있어야만 행정정보공개제도가 효율적으로 운영될 수 있을 것이며, 행정정보의 공개가 행정관료들에게 여러 가지 직·간접적인 이익을 제공한다는 것을 인식시켜서 행정관료들의 저항을 극복할 수 있을 것이다.

셋째, 행정정보공개제도의 효과는 정책집행과정의 주체인 행정관료들의 태도에 따라 많은 영향을 받을 것이다. 따라서 행정관료들의 정보공개에 대한 의지가 조금 더 높아져야 할 것이다. 분석결과 행정관료들의 정보공개 의지는 과거에 다소 높아진 것으로 나타났지만 아직도 일반 주민들의 기대보다는 상대적으로 낮게 나타나고 있기 때문에 공무원들의 태도와 의지가 조금 더 적극적일 필요가 있다.

넷째, 공무원이 처리하는 각종 정보는 공공정보이고 궁극적으로 국민들이 알아야 하는 것이라고 인식할 필요가 있다. 즉 공무원이 처리하거나 보유하는 정보는 행정기관이 자의적으로 보유하거나 공개하는 것이 아니라 단지 행정기관이 이러한 정보를 관리하고 있으며, 원칙적으로 모든 국민은 공공기관이 가지고 있는 정보에 접근하고 그것이 무엇인가를 알권리가 있다는 인식을 가져야 한다. 이러한 인식하에서 정보공개기관과 주민들의 노력이 함께 수반되어지고 적절히 조화를 이루어 나갈 때, 비로소 정보공개가 활성화되고 행정정보공개제도의 효과 또한 극대화될 것이다.

마지막으로 정보공개제도는 실세계의 정보균질화에 대한 요구는 물론 컴퓨터와 통신의 결합으로 이루어지는 가상공간에서의 전산처리 또는 디지털화 된 정보에 대해서도 적용될 수 있도록 적극적으로 해석하여야 할 것이다. 따라서 행정정보가 전자적으로 공개되고 확장되어 국민들이 직접 공공기관에 가지 않고서도 안방에서 유용한 정보를 제공받을 수 있도록 인터넷을 이용하여 정보를 신청하고 그 결과를 통지 받을 수 있는 제도적 장치가 마련되어야 할 것이다. 이를 위해 우선 객관적인 가이드라인을 만들어 효율적인 정보공개 데이터베이스 구축시스템을 만들어야 할 것이다. 인터넷을 통해 민의를 수렴하고 정부정책도 적극 알리는 쌍방향 커뮤니케이션을 활성화하는 것은 참여행정과 전자민주주의의 실현에 앞장설 수 있으며 이와 함께 공공기관 홈페이지는 투명하고 열린 정부를 가늠하는 척도가 된다고 볼 수 있다. 특히 홈페이지를 행정정보공개의 장으로 활용하여 국민의 알권리를 충족하고 행정과정을 국민에게 투명하게 공개함으로써 부정과 부패가 없는 투명한 행정풍토를 조성할 수 있을 것이다.

본 연구는 연구결과의 신뢰성과 타당성을 극대화하기 위해 관련 문헌들과 행정자치부가 매년 발간하는 정보공개 연차보고서 등 각종 통계자료를 토대로 한 운영실태분석과 함께, 행정정보공개제도 집행의 당사자인 공무원과 주민의 정보공개에 대한 인식과 태도를 측정하기 위해 공무원 평가와 주민평가의 동시실시를 통한 양자간 비교방법으로 설문조사를 실시하였다. 그러나 본 연구는 공무원과 주민 양 집단의 구체적이며 정확한 행태파악을 위해 동시평가에 의한 설문조사였다고 하더라도 여전히 실제효과의 정확한 진단에는 한계가 있었을 것이며, 특히 행정정보공개제도에 대한 주민의 인지도가 매우 저조했던 점을 고려한다면 정보공개청구를 해 본 경험이 있는 주민만을 대상으로 한 설문조사였다면 운영실태에 대한 좀 더 정확한 평가가 가능했을 것이라는 한계를 가지고 있다. 또한 연구대상 집단을 서울시 10개 구청의 종합민원실에 근무하는 공무원과 방문 민원인에 한정함으로써 그 정당한 근거를 제시하였다고 하더라도 분석결과의 일반화에는 제약이 있음을 인정하지 않을 수 없다. 따라서 차후 연구에서는 연구결과의 일반화를 위해 연구대상을 보다 확대할 필요가 있으며, 향후 계량적 연구방법의 한계를 극복할 수 있는 객관적 자료에 기초한 전후비교연구, 횡단면적 비교연구가 필요하다.

참 고 문 헌

1. 국내문헌

1) 단행본

강병서・김계수(1998), 『사회과학 통계분석』, 서울: SPSS 아카데미

강석천(1990), 『정보체계론』, 서울: 박영사.

권영성(1997), 『헌법학원론』, 서울: 법문사.

김석준・강경근・홍준형(1993), 『열린사회 열린정보』, 서울: 비봉출판사.

김중양 外(1997), 『국가공무원법』, 서울: 언약.

김철수(1995), 『헌법학개론』, 서울: 박영사.

김향기(1997), 『행정법개론』, 서울: 삼영사.

김해동(1993), 『조사방법론』, 서울: 법문사.

경제정의실천연합회(1998), 『공공기관의 정보공개제도 운용실태보고』.

곽효문(1995), 『정책학원론』, 서울: 학문사.

노시평・박희서・박영미(1999), 『정책학원론』, 서울: 학현사.

노화준(1998), 『정책학원론』, 서울: 박영사.

本田弘, 한규연 역(1991), 『정보공개행정론』, 서울: 대영문화사.

박동서(1999), 『한국행정의 쇄신사례』, 서울: 법문사.

박성복・이종렬(1998), 『정책학원론』, 서울: 대영문화사.

박영기(1992), 『행정정보공개제도에 관한 연구』, 서울: 한국행정연구원.

박윤흔(1996), 『최신행정법강의(上)』, 서울: 박영사.

박재창(1993), 『정보사회와 정치과정』, 서울: 비봉출판사.

방석현(1993), 『행정정보체계론』, 서울: 법문사.

석종현(1997), 『일반행정법(上)』, 서울: 삼영사.

유병복(1998), 『정책학개론』, 서울: 웅보출판사.

안해균(1995), 『정책학원론』, 서울: 다산출판사.

이관기(1993), 『알권리와 프라이버시』, 한국교육문화원.

이광종(1989), 『행정책임론: 책임과 통제』, 서울: 대영문화사.

이명구(1991), 『행정법원론』, 서울: 대명출판사.

이오구(1997), 『신행정법원론』, 서울: 대명출판사.

이용규(1996), 『행정정보체계론』, 서울: 박영사.

이윤식(1993), 『행정정보체계론』, 서울: 법문사.

장태옥(2000), 『행정학의 이해』, 경산: 영남대학교 출판부.

전석호(1993), 『정보사회론』, 서울: 나남.

정정길(1989), 『정책학원론』, 서울: 대명출판사

조준혁(1997), 『행정법』, 서울: 선학사.

참여연대(1999), 『정보공개운영실태조사』, 참여연대 정보공개평가시리즈 1.

채서일(1999), 『학현사』, 서울: 학현사.

총무처(1997), 『정보공개법령의 제정과정과 내용』, 서울: 총무처 능률국 행정
    능률과.

秋山幹男, 최호준 역(1994), 『정보공개』, 서울: 교보문고.

하미승(1996), 『행정정보체계론』, 서울: 법문사.

한국언론학회·한국행정학회(1996), 『정보화와 정부언론의 역할』, 한국언론 학

회·한국행정학회 심포지엄, 고려대학교.

한국법제연구원(1994), 『정보공개법의 제정방향』, 국내입법의견조사 94-6.

행정자치부(2001), 『정보공개 연차보고서』, 서울: 행정자치부.

_____(2000), 『정보공개 연차보고서』, 서울: 행정자치부.

_____(1999), 『정보공개 연차보고서』, 서울: 행정자치부.

허만형(2001), 『통계분석론』, 서울: 법문사.

2) 논 문

강경근(1993), "정보공개제도에 관한 연구."박사학위논문, 고려대학교.

_____(1988), "정보화사회와 정보공개청구권,"고시연구.

_____(1992), "행정정보공개의 문제점과 개선방안," 『한국행정연구』, 1:3.

_____(1995), "정보공개법시안상의 정보공개범위와 그 문제점," 『인권과 정의』, 대한변호사협회.

_____(1999), "행정보공개현황과 개선방향," 『행정정보공개현황과 법개정 방향토론회 자료집』, Ⅰ-8, 행정개혁시민연합.

강근복(1990), "지방자치와 정보공개," 『지방자치연구』, 2:1.

강성남(1995), "정보공개제도에 관한 고찰,"입법조사연구 통권 234호.

강철선(1994), "정보공개제도화 방안,"제103회 민주당 정책위원회, 정보공개 제도화방안에 관한 토론회 발표논문.

경제정의실천연합회(1998), 『공공기관의 정보공개제도 운용실태보고』.

구병삭(1981), "국정과 정보공개,"월간조선 8월호.

_____(1989), "정보공개법 제정의 방향과 문제점," 『공법연구』, 17.

김명수(1989), "성공적 정책과 성공적인 정책집행의 판단기준," 『한국지역 연구』,

7:1, 한국외국어대학교.

김문성(1987), "정책집행에 관한 모형형성을 위한 실증적 연구 – 에너지 절약 정책집행을 사례로," 『한국행정학보』, 21.

김배원(1995), "정보공개제도의 적용제외사항," 『언론과 정보』, 창간호.

김병준(1985), "정책집행에 있어 대상집단의 정책관여: 개념적 틀의 확립을 위한 시론," 『한국정치학회보』, 19.

김석준(1991), "정보공개와 민주행정," 『한국행정학보』, 25:1,한국행정학회.

김영훈・강경근(1988), "정보공개제도와 국민의 알권리 보장,"법학논총 제4집, 숭실대 법학연구소.

김행범(1995), "실증적 정책집행에 관한 연구," 『한국행정학보』, 29:4.

김형렬(1993), "효율적인 정책집행체계의 구축에 관한 연구," 『사회과학논집』, 16. 연세대학교.

김철수(1991), "정보화사회와 기본권보호," 『정보화사회의 공법적 대응』, 한국공법학회.

_____(1989), "정보공개법과 사생활보호법 서설," 『정보수집・관리와 사생활보호』, 한국공법학회.

노규형(1988), "정보화사회에서의 정치참여," 『정보화사회와 민주발전』, 통신개발연구원.

민강일(1995), "행정정보공개제도화의 결정요인에 관한 연구: 조례제정을 중심으로,"박사학위논문, 경원대학교.

민 진(1985), "공공정책실패원인에 관한 연구," 『한국행정학보』, 19:1.

박광국(1995), "환경정책의 성공적 집행을 좌우하는 요인에 관한 인식도 평가," 『한국행정학보』, 29:1.

변재옥(1982), "미국의 정보자유법 개요: 입법소개,"영남대 사회과학연구.

석종현(1992), "정보화사회와 행정정보공개제도,"고시연구.

성낙인(1991), "정보공개법의 제정방향: 프랑스의 정보공개법을 중심으로," 사회과학연구 11:1, 영남대학교 사회과학연구.

성도경(1997) "지방자치와 정보공개,"『영남대 새마을·지역개발연구』, 21.

성도경·박의상(2001) "행정정보공개제도의 효율적 추진의 영향요인 분석,"『한국사회와 행정연구』, 12:2.

송병주(1993) "지방택지공영사업의 집행에 영향을 미치는 요인에 관한 연구: 서울 목동 및 경남지역의 택지공영개발사업을 중심으로,"박사학위논문, 서울대 행정대학원.

신은희(1982), "한국에 있어서 정보공개청구권,"『신문과 방송』.

안광복(1994), "정보공개 효율성 제고 방안에 관한 연구,"『경제와 사회』 제21호.

유동주(1990), "지방자치단체의 정보공개제도,"『자치행정』3월호.

유 훈(1983), "정책유형과 정책집행,"『행정논총』, 21:1.

이강웅(1993), "행정정보공개제도의 기준설정에 관한 연구,"박사학위논문, 부산대학교.

이승종(1990), "정보공개의 행정책임성에 관한 효과 및 공개 방향,"『지방 행정연구』, 5:1, 지방행정연구원.

_____(1991), "지방정부의 행정정보공개: 행정통제론적 접근,"『한국행정 학보』, 25:3.

_____(1995), "행정정보공개조례의 효과에 대한 공무원의 평가분석: 청주시 사례연구,"『한국행정학보』, 29:4.

이윤식(1991), "정보공개제도의 한국적 모형정립을 위한 시론,"『한국행정 학보』, 25:1, 한국행정학회.

_____(2000), "정보화 평가방법론의 개선방안에 관한 소고,"『한국사회와 행정연구』, 11:1.

전상경(1993), "Jeffrey L. Pressman and Aaron Wildavsky의 공동행동의

　　　　복잡성,"『정책학의 주요이론』, 서울: 경세원.

정윤수(1999), "초고속정보통신시대의 정보공개,"『정책분석평가학회보』, 9:1.

정충식(1997), "전자적인 정보공개를 위한 정책방안: 정보기술을 활용한 행정 개혁의 관점에서,"『한국행정학보』, 31:1.

최성모·송병주(1992), "정책집행의 정치적 성격과 특징: 의약분업정책을 중심 으로,"『한국행정학보』, 26:3.

최종원(1998), "정책집행연구의 이론적 틀에 대한 비판적 고찰,"『한국정책학 회보』, 29:1.

최종원·백승빈(2001), "한국의 정책집행 실증연궁에 관한 고찰,"『행정논총』, 39:3

최창학(1994), "지방정부의 행정정보공개제도에 관한 연구"『대구·경북행정학 회보』, 6:2

표시열(1999), "행정학과 공법학의 가교를 위한 실천적 과제: 행정과정에서의 적법절차와 정보공개를 중심으로,"『한국행정연구』, 8:1.

하규만(2000), "정책집행 이론의 재검토: 미국과 한국의 실태,"『지방정부 연 구』, 4:1.

한국법제연구원(1992), "정보화사회의 전개와 입법적 대응".

황인정(1973), "발전계획의 성공적 수행요인: 가족계획사업을 중심으로,"『행 정논총』, 11:1.

홍준형(1994), "정보공개법시안의 문제점과 대책,"『열린사회를 위한 정보공개 법의 제정방향』, 경실련.

＿＿＿＿(1995), "정보공개법시안에 의한 권리구제절차의 문제점,"『인권과 정의』, 대한변호사협회.

홍춘의(1995), "정보공개제도,"『기록보존』제8호, 총무처 기록보존소.

2. 외국문헌

1) Books

Bardach, E.(1977), *The Implementation Game: What happens after a bill becomes a law*, Cambridge, Massachusetts: The MIT Press.

Baxter, John D.(1990), *State Security, Privacy and Information*, N.Y.: St. Martin's Press.

Briskhaw, Patrick(1988), *Freedom of Information: The Law the Practice, and the Ideal*, London: WeidenFeld & Nicolson.

Carter, Douglas(1959), *The Fourth Branch of Government*, Boston: Houghton Muffin Co.

Chandler, Ralph C. and Plano, Jack C.(1982), *The Public Administration Dictionary*, N. Y.: John Wiley & Sons.

Cobb, R. W. & Elder, C. D.(1983), *Participation in American Politics: Dynamics of Agenda-Building*(2ed.), Baltimore: Johns Hopkins University Press.

Davis, Gorden B.(1974), *Management Information System: Conceptional Foundation, Structure and Development*, N.Y.: Mcgraw-Hill.

Edwards Ⅲ, George C.(1980), *Implementation Public Policy*, Washington D.C.: Congressional Quarterly Press.

_____(ed.)(1984), *Public Policy Implementation*, Greenwich, Connecticut: JAI Press Inc.

Goggin, Malcolm L., Bowman, Ann O'M, Lester, James P., & O'Toole, Laurence J. Jr.(1990), *Implemantation Theory and Practice: Toward and Third Generation*, New York: Harper Collins Publishers.

Grindle, M. S. ed.(1980), *Politics and Policy Implementation in the Third World, Princeton,* New Jersey: Princeton University Press.

Hull, Chris & Benny Hjern(1987), *Helping Small Firms Grow: An Implementation Approach,* London: Croom Helm.

Kaufman, H.(1973), *Administrative Feedback,* Washington: Brookings.

Larson, J. S.(1980), *Why Government Programs Fails: Improving Policy Implementation,* N. T.: Praeger Publishers.

Lindblom, C. E.(1980), *The Policy Making Process(2nd ed.),* Engiewood Cliffs, N. J.: Prentice Hall, Inc.

Mazmanian, Daniel & Paul P. Sabatier(eds.)(1981), *Effective Policy Implementation,* Lexington, M. A.: Lexington Books.

＿＿＿＿(1989), *Implementation and Public Policy,* rev. ed., Latham, Md.: University Press of America.

Mehra, Achal(1986), *Free flow of Information: A new paradigm,* N.Y.: Green Wood Press.

Nakamura, Robert T. & Smallwood, Frank(1980), *The Politics of Policy Implementation,* N. Y.: St. Martin's Press.

O'Neil, James E.(1972), *Access to government documents: Progress, problems and prospects,* in Sunflower University Press, Access to government documents.

Palumbo, Dennis J.(1988), *Public Policy in America: Government in Action,* San Diego: Harcourt Brace Jovanovich, Publishers.

Pressman, Jeffrey L. & Aaron Wildavsky(1973), *Implementation,* Berkeley, California: University of California Press.

Radin, B. A.(1977), *Implementation: Change and the Federal Bureaucracy,* New York: Teachers College Press, Columbia University.

Ripley, R. B. & Franklin, G. A.(1982), *Bureaucracy and Policy Implementation*, Homewood, Illinois: The Dorsey Press.

Robertson, K. G.(1992), *Public Secrets: A Study in the Development of Government Secrecy*, N.Y.: St. Martin's Press.

Rowat, Donald C.(1979), *Administrative Secrecy in Developed Countries*, Columbia University Press.

Sharkansky, Ira(1980), *Policy Predicament*, Bombay, Allied Publishes Private Limited.

2) Articles

Alexander, E. R.(1985) "From Idea to Action, Notes for a Contingency Theory of the Policy Implementation Process," *Administration & Society*, 16:4.

Archibald, Samuel J.(1979), "The Freedom of Imformation Act Revisited," *PAR*, 39:4.

Berman, Paul(1978), "The Study of Macro and Micro Implementation," *Public Policy*, 26:2.

Clevelend, Harlan(1986), "Government Is Information(But Not Vice Versa)," *PAR*, 46:6.

Cooper, Philip J.(1986), "The Supreme Count, The First Administration and Freedom of Information," *PAR*, 46:6.

Danziger, James N., and Kling, Rob(1982), "Computers in Policy Process," *Computers and Politics*, James N. Danziger etal., New York: Columbia Univ. Press.

Dornan(1977), "Whither urban policy analysis?: A review essay," Polity 9.

Dulmus, Catherine N. & Rapp-Paglicci, Lisa A.(2000), "The Prevention of Mental Disorders in Children and Adolescents: Future Research and Public-Policy Recommendations,"*Families in Society: The Journal of Contemporary Human Services*, 81:3.

Feinberg, Lotte E.(1986), "Managing the Freedon of Information Act and Federal Information Policy,"*PAR*, 46:6.

Goldstein, Joshua R. & Morning, Ann J.(2000), "The Multiple-race Population of the United States: Issues and Estimates,"*Proceedings of the National Academy of Sciences of the United States*, 97:11.

Elmore, Richard(1978), "Organizational Models of Social Program Implementation,"*Pubic Policy*, Vol. 26.

_____(1979-80), "Backward Mapping: Implementation Research and Policy Decision,"*Political Science Quarterly*, 94:4.

_____(1985), "Forward and Backward Mapping: Reversible Logic in the Analysis of Public Policy,"in Kenneth Hanf and Theo A. J. Toonen(eds.), *Policy Implementation in Federal and Unitary System*, Dordrecht, Netherland: Matinus Nijhoff Publishers.

Hickson, P. J., Hennings, C. R.(1971), Hennings, Lee, C. A., Schneck, R. E. and Penning, J. M., "Strategic Comtingencies Theory of Interorganizational Power,"*Administrative Science Quarterly*, 16:2.

Hjern, Benny & Chris Hull(1985), "Small Firm Implementation Creation: An Assistance Structure Explanation,"in Kenneth Hanf and Theo A. J. Toonen(eds.), *Policy Implementation in Federal and Unitary System*, Dordrecht, Netherland: Matinus Nijhoff Publishers.

_____(1982), "Implementation Research as Empirical Constitutionalism," *European Journal of Political Research*, 10:2.

Hjern, Benny & Porter, D. O.(1981), "Implementation Structures: A

New Unit of Administrative Analysis,"*Organization Studies*, 2:3.

Lipsky, Michael(1978), "Standing the Study of Public Policy Implementation on its Head,"in Walter D. Burnham and Martha W. Weinberg, eds., *American Politics and Public Policy*, Cambridge: MIT Press.

_____(1976), "Toward a Theory of Street-Level Bureaucracy,"in Willis D. Hawley & Michael Lipsky(eds.), *Theoretical Perspective on Urban Politics*, Engelwoods Cliffs, N.J.: Prentice-Hall.

Lamphere, Jo Ann & Rosenbach, Margo L.(2000), "Promises Unfulfilled: Implementation of Expanded Coverage for the Elderly Poor," *Health Services Research*, 35:1.

Lester J. P. et al.(1987), "Public Policy Implementation: Evolution of the Field and Agenda for Future Research,"*Policy Sdudies Review*, 7:1.

Majone, Giandomenico & Aaron Wildavsky(1979), "Implementation as Evolution,"in Jeffrey L. Pressman and Aaron Wildavsky, *Implementation*(2nd ed.), Berkeley, California: University of California Press.

Marchand, Donald A.(1982), "Information Management in Public Organization: Defining A New Resource Management Function," *Information Management in Public Administration*, F. W. Hortion and D. A. Marchand(eds.), Arlington Ⅵ: Information Resource Press.

Martland, Richard E.(1995), "Synthesizing the Implementation Literature: the Ambiguity Conflict Model of Policy Implementation,"*Journal of Public Administration Research and Theory*, 5:2.

McLaughlin, M.(1977), "Implementation as Mutual Adaptation: Change in Classroom Organization,"in Willian and R. Elmore eds., *Social Program Implementation*, New York: Academic Press.

204

Montjoy, R. S. & O'Toole, L. J. Jr.(1979), "Toward a Theory of Policy Implementation: An Organizational Perspective," *PAR*, 39:5.

O'Toole L. J. Jr.(1986), "Policy Recommendations for Multi-Actor Implementation: An Assment of the Field,"*Journal of Public Policy*, 6:2.

Regan, Priscilla M.(1986), "Privacy, Government Information, and Technology,"*PAR*, 46:6.

Rein, Martin & Rabinovitz, F. F.(1983), "Implementation: A Theoritical Perspective,"in Martin Rein, *From Policy to Practice*, Armonk, N. Y.: M. E. Sharpe, Inc.

Relyea, Harold C.(1986), "Access to Government Information in the Information Age," *PAR*, 46:6.

Sabatier, Paul P.(1986), "Top-Down and Bottom-Up Approaches to Implementation Research: A Critical Analysis and Suggested Synthesis," *Journal of Public Policy*, 6:1.

Sabatier, Paul P. & Daniel Mazmanian(1979), "The Conditions of Effective Implementation: A Guide to Accomplishing Policy Objectives," *Policy Analysis*, Vol. 5.

Smith, Thomas B.(1973), "The Policy Implementation Process,"*Policy Science*, Vol. 4.

Stoker, Robert P.(1989), "A Regime Framework for Implementation Analysis: Cooperation and Reconciliation of Federalist Imperatives,"*Policy Studies Review*, 6:4.

Van Horn, Donald S. & Van Meter, Carl E.(1975), "The Policy Implementation Process: A Conceptual Framework," *Administration & Society*, 6:4.

Winter, Soren(1986), "How Policy-Making Affects Implementation: The

Decentralization of the Danish Disablement Pension Administration," *Scandinavian Political Studies*, 9:4.

_____(1990), "Integrating Implementation Research,"in D. J. Palumbo & D. J. Calista(eds.), *Implementation and Policy Process*, New York: Greenwood Press.

Wolman, Harold(1981), "Determinants of Program: Success and Failure," *Journal of Public Policy*, 1:4.

• 저자 •

▌성명

김승태(金承台)

▌학력

강원 강릉고등학교 졸업
한국외국어대학교 동유럽대학 폴란드어과 졸업
한국외국어대학교 대학원 행정학 석사
한국외국어대학교 대학원 행정학 박사

중앙인사위원회 인력개발국 출제관리과 PSAT 전문관
한국행정학회 정회원
한국정책학회 정회원
한국지역정보화학회 지식정보위원
한국정책학회 지식정보위원
한국정책분석평가학회 총무위원
한국행정연구원 초청연구원
한국외국어대학교 사회과학연구소 선임연구원
한국외대. 숙명여대. 상명대. 단국대. 한양대. 인하대. 서울사이버대 등 강사

▌주요논저

「공무원 선택적 복지제도 도입효과에 관한 연구」
「행정정보공개제도의 집행요인 및 정책효과 분석」
「행정정보화투자와 인력구조간의 분석」
『교육인적자원부 기능개선 연구』
『공무원 선택적 복지제도 시범실시 효과분석 및 평가』
『교육인적자원부 기능 및 조직진단』
『공무원을 위한 반부패 길라잡이』
『전자정부의 구현 및 운영의 효율화 방안』
『국내원격근무 모델개발 및 활성화 전략연구』
『망산업 필수설비 현황 및 접근실태 분석』
외 다수

본 도서는 한국학술정보(주)와 저작자 간에 전송권 및 출판권 계약이 체결된 도서로서, 당사와의 계약에 의해 이 도서를 구매한 도서관은 대학(동일 캠퍼스) 내에서 정당한 이용권자(재적학생 및 교직원)에게 전송할 수 있는 권리를 보유하게 됩니다. 그러나 다른 지역으로의 전송과 정당한 이용권자 이외의 이용은 금지되어 있습니다.

행정정보공개제도의 집행요인 및 정책효과 분석

• 초판 인쇄	2006년 6월 15일
• 초판 발행	2006년 6월 15일
• 지 은 이	김승태
• 펴 낸 이	채종준
• 펴 낸 곳	한국학술정보㈜
	경기도 파주시 교하읍 문발리 526-2
	파주출판문화정보산업단지
	전화 031) 908-3181(대표) · 팩스 031) 908-3189
	홈페이지 http://www.kstudy.com
	e-mail(e-Book사업부) ebook@kstudy.com
• 등 록	제일산-115호(2000. 6. 19)
• 가 격	13,000원

ISBN   89-534-5184-1 93350 (Paper Book)
        89-534-5185-X 98350 (e-Book)